PANTHERIA
ULTIMATE PUZZLE BOOK
OVER 70 CHOICE PUZZLES
FOR ADULTS

Crosswords, Word Searches, and Codewords!

Paul D. Pantera
With contributions from Athina Leonti

Dedicated to:

My Wife Yolanda

My Son Jelani

The FOA Warriors of USS WAYNE E. MEYER DDG 108

The Quiet Warriors of USS SPRUANCE DDG 111

And the future Stalwart Warriors of USS JACK H. LUCAS DDG 125

May these puzzles help pass the time
during long underways and deployments
as you keep our seas safe.

Visit Us Online

https://pantheria.store

a Find our Books on Amazon

▶ Pantheria

📷 @Pantheria.lofi

f @Pantheria.lofi

Copyright 2022 @ **Panterax Ltd**
All Rights Reserved.

All rights reserved. No part of this publications may be reproduced, distributed, or transmitted in any form or by any means, including photocopying, recording, other electronic, or mechanical methods.

CROSSWORD PUZZLES

US Navy History

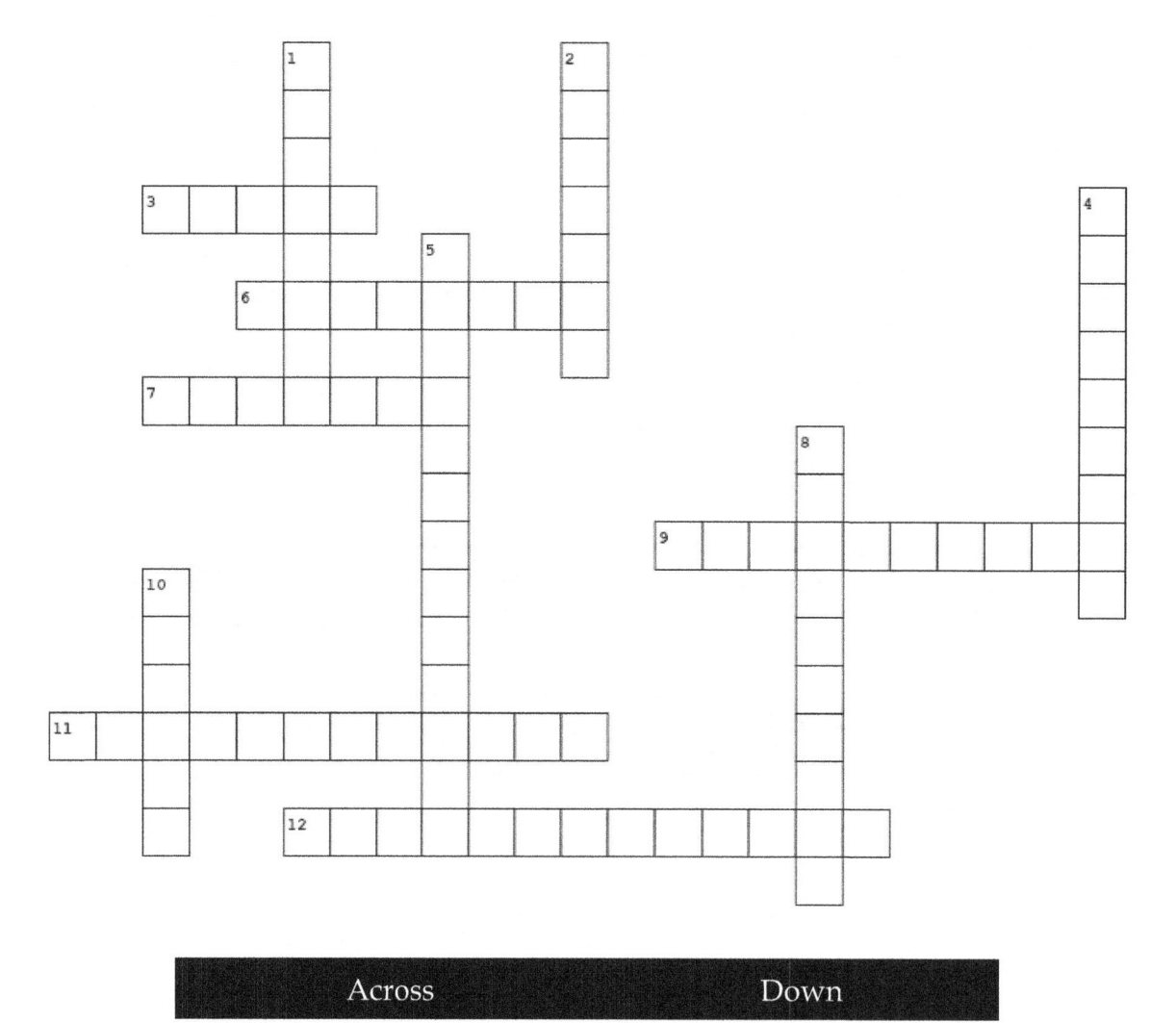

Across

3. History's largest naval battle
6. The last Continental Navy ship to go
7. British frigate that John Paul Jones captured
9. Historical bay
11. One of the first warships built after the US Navy was revived
12. The last sail-only ship built by the US Navy

Down

1. A small fleet
2. The reason the Navy was brought back
4. After the Revolutionary War the Navy...
5. The coast from which the first warship departed in September 1775
8. The father of the Navy
10. The Navy's founding vessel

Setting Sail

Across

1. Alias of Captain James Hawdon
3. Maritime scene
4. Naval forces
6. Shipboard soldier
7. Master of a ship
9. Swift-footed, also a group of ships
10. Marine, naval

Down

2. To board a ship
3. Ship powered by coal or wood
4. Supreme commander of a navy?
5. Transport illegally, like a pirate
8. Cargo

History

Across

4. A name given to several kings of ancient Egypt
6. Kingdom splintered by the Norman Conquest
7. Also known as 'St Vitus's Dance' or The 'dancing plague'
9. Ancient Balkan Peninsula dwellers
11. The Vietnam War is also known as the Second __ War
12. Class of airship involved in a 1937 aviation disaster

Down

1. Italian city destroyed by volcanic eruption
2. Iraqi leader who waged war against Iran
3. One of the belligerents in the Gulf War
5. Norman Conquest tapestry
8. City destroyed by an atomic bomb in 1945
10. Former superpower, ___ Union

The Animal Kingdom

Across

2. Bulky animal of Tibet
3. Marsupial with distinctive cube-shaped droppings
5. This one might know one trick
8. Large creepy-crawly
10. What Tibetan Spaniels are called affectionately
11. Known collectively as a business

Down

1. Long-tailed parrot
4. Predator with a sticky tongue
5. Animal that might play dead
6. Woolly one that might spit
7. The world's largest rodent
9. Breed of Irish dog

Ancient Greece

	Across	Down
	5. Sea demigod	1. Famous demigod hero
	6. Greek philosopher sentenced to death	2. Clan name for the three tyrants, who ruled in Athens
	7. religious mysteries celebrated in worship of Demeter and Persephone.	3. Latin name of the demigod half of the Dioscuri
	8. Lunar month used in ancient Attica	4. Ancient Greek warship
	10. Games held every four years in Athens	9. A prominent rock outcropping in Athens meaning Ares' Hill
	12. An ancient Greek festival held in honor for Artemis	11. Lecherous demigod

Getting Around

Across

4. Elevated railway
9. Transport kirsch on a wide vehicle
10. Electrically-driven public transport
11. Railway that carries people up and down a mountain
12. Long walk back in bleaker terrain

Down

1. Harley's biking partner
2. They have no power to fly
3. Planes, helicopters, etc.
5. Take or carry something or someone from one place to another by vehicle
6. A one-wheeled vehicle operated by pedals
7. Boots with wheels or blades
8. Move (something) with effort

Arts and Literature

	Across		Down

Across

1. Verse meter
5. The nationality of the composer Khachaturian
6. Like ghostwriters, usually; uncredited
8. French impressionist painter
10. French impressionist painter
11. Verse, meter
12. French fauvist

Down

2. French impressionist painter
3. Pioneering French impressionist
4. The nationality of the composer Sibelius
7. Alphonse -, Art Nouveau artist
9. French impressionist painter

Language

Across
1. Explanatory list of words
2. Wide variety of something, from the Swedish word for a buffet
4. Diacritical mark used, especially in German, to indicate a different vowel sound
6. Linguistics concern
8. The 11th letter of the Greek alphabet
11. A way of speaking or using words, especially one common to a social or professional group

Down
1. Set of language rules
3. Spelling
5. A part of speech which modifies another word
7. Finnish profanity
9. Form of a verb used as an adjective
10. "And" in Swedish, also an exclamation in Scots

Space

Across	Down
4. A type of galaxy	1. Unit of interstellar distance
7. Cloud of interstellar gases and dust	2. Object in orbit around a planet
	3. Branch of astronomy dealing with objects outside the Milky Way
11. Between star clusters	5. Star cluster
12. Occurring between stars	6. Darkest of Uranus' largest moons
	8. From the Latin meaning "dawn"
	9. A region of spacetime where gravity is so strong that nothing can escape from it (2 words)
	10. Empty space

The US Navy

Across

1. A rank of Admiral
5. The act or ceremony of placing a ship in active service
6. Gitmo, military base
8. "Always Courageous," Motto of the US Navy (2 words)
10. A Wasp-class amphibious assault ship
11. "Anchors ___" March of the US Navy

Down

2. An Artemis-class attack cargo ship named after a minor planet
3. A Navy Officer
4. What Aviation Warfare insignia are usually called
7. A class of nuclear-powered aircraft carriers
8. Carlos Del Toro is the 78th
9. A ship class of LHA type amphibious assault ships

UK Vs. US

Across	Down
4. British meter	1. Giving a pacifier to your baby in Glasgow sounds like you're calling them names
5. British intersection	
6. The stove in the UK	
7. French fries often had with fish	2. The trunk of your car is wearable in the UK
8. A British antenna	3. British suspenders
9. An English cookie	5. What they call drapes in London
11. A trashcan by any other name would still smell the same but it's indeed called something else in the UK	10. British theatre

Gods

Across
3. In Slavic mythology, the highest god of the pantheon
4. Native American trickster god
7. An African Spider deity
9. Buddhist demigod
10. Polynesian demigod
11. Polynesian demigod

Down
1. A Native American fertility deity
2. Japanese goddess of the sun
5. One-eyed Norse God
6. ___ mac Lir, Irish sea god
8. Hindu goddess, Master of death, time and change
10. A major ancient Egyptian deity

Dual Meanings

Across

3. Breed of a dog or a helpful hint
4. Like many an egg; taken illegally
7. Old Empire, lacking arms lacks backing
8. Ballet position, or a card game
10. A magical creature or a cut
11. Sweet pastry or nationality
12. Sea glass, almost fall

Down

1. It's a cocktail, and a tool
2. Release from hospital or set off a gun
5. Political furniture
6. Word for social status or being on your feet
9. Arabesque-like ballet position; or, an insolent manner

Resort Islands

Across

2. Very famous Valencian resort
6. Gorgeous resort in the South Pacific (2 words)
7. A popular destination in the South Seas
8. In the Adriatic
10. Here you can find a noted seal colony
11. A Scottish resort

Down

1. One in the East Coast (2 words)
3. In Michigan (2 words)
4. A Dutch-speaking one
5. Northeast of Sydney (2 words)
6. One just off of Florida
9. Famous Spanish resort

Universities

	Across	Down
	2. An Ivy League university	1. An Ivy League university in Massachusetts
	4. Eastern Michigan University home	3. Home to Western Michigan University
	6. University in California	5. New York college with campuses in the Bronx, and New Rochelle
	9. An Ivy League university in New Jersey	7. Chicago university founded in 1945
	10. A university in Pittsburgh, Pennsylvania (2 words)	8. Where you can find the University of California
	12. Chicago university	11. Massachusetts Institute of Technology

Video Games

Across

2. A competitive music game series for PlayStation
4. Falling Blocks game
6. Japanese giant video game company
8. Mortal ___
9. Roguelike dungeon crawler
11. Team-based multiplayer FPS
12. FPS franchise by EA

Down

1. The creator of the Assassin's Creed franchise
3. Franchise based on the novels of Andrzej Sapkowski
5. Franchise of platform video games
7. Franchise about an interstellar war; a ring of light
10. Demon-slaying brought on by a Blizzard

LGBTQIA+

Across	Down
4. The B in LGBTQIA	1. Another word for a gay person
5. Referring to lesbians	2. What the final letter of LGBT stands for
9. Where Pride started	3. Representing the community!
11. Another word for someone nonbinary	6. Someone attracted to all genders
12. Without erotic attraction	7. Person in the nonbinary spectrum
	8. The I in LGBTQIA
	10. Like Sappho

Muscle Cars

Across

2. One of Chevrolet's most loved models
7. A Ford model and a Zodiac sign
10. A Dodge model
11. Pontiac pony car
12. Plymouth's commercial for this car was "Out to win you over."

Down

1. Series of sedans manufactured by the Mercury division of Ford
3. Ford cars in continuous production since 1964
4. A Ford luxury car
5. Car named for a small warship
6. Pony car that first went on sale in 1966
8. One of the pioneering sport trucks
9. Makes the Charger, the Durango, and the viper

Exclamations

Across	Down
2. Cowboy's whoop	1. Yelled when parachuting from a plane
3. Agreement, concession	
6. Ninja Turtle catchphrase	4. It can follow two hips
7. Definitely; without question	5. Excellent
9. Breathtaking, magnificent	8. An exclamation of triumph
10. "___, Caesar!"	9. Nordic drinking toast
11. An exclamation	

Latin

Across

3. Hands
6. Derived from the Latin meaning "cloud", a subtle difference in color, meaning, expression, sound or tone
8. From the Latin meaning "spoke", a straight line from the center to the circumference of a circle
9. Body
10. From the Latin meaning "to bind"
11. All

Down

1. Fault
2. Navy, fleet
3. A doctor
4. Vehicle
5. Mistake
7. Evening

Puns

Across	Down
2. A spooky fog	1. A whiteboard, perhaps
5. What you would maybe call an alligator in a vest	3. The roundest knight at King Arthur's service (2 words)
8. What is writing with a dull pencil	4. The best omelet in the world is that
10. Harper Lee's favorite cocktail (2 words)	6. What the Ghostbusters like to drink, perhaps
11. The opposite of a cool cat	7. What do you call someone who owns a taser
12. A time-traveler's favorite herb?	9. Breed of dog that can do magic tricks

United States

Across
3. Tobacco state
4. State home to 58 "fourteeners"
7. Its three counties are New Castle, Kent, and Sussex
8. America's Lone Star state
9. Obama's birth state
10. Biggest U.S. state
11. The Wolverine State
12. State known for lobsters and pine trees

Down
1. St. Paul is here
2. With North or South, an American state
5. Tennessee neighbor
6. State of Medina and Olympia Fields

Sci-Fi

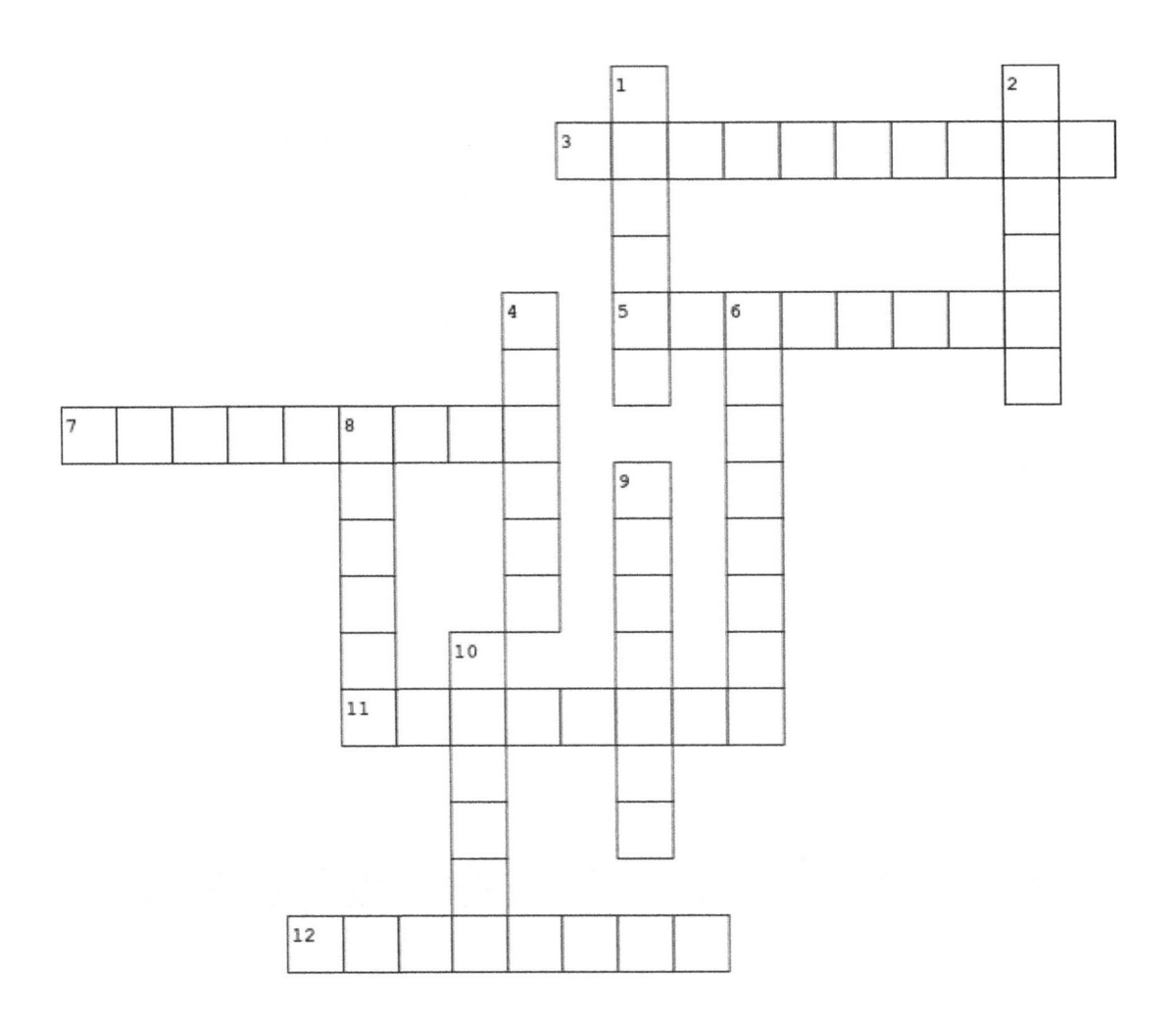

Across	Down
3. TV show created by Chris Carter	1. Starship successor to Kirk
5. The 24th Colonist Group in the TV show "Lost in Space"	2. Famous sci-fi Fox
7. Battlestar ___	4. Darth Vader's real name
11. 1994 film that spawned a TV series	6. 2007 sci-fi movie with Cillian Murphy
12. Diametrical opposition	8. Time and Relative Dimension in Space
	9. A Brandon Sanderson science fiction novel
	10. A character in Marvel Comics

Movies

Across

3. Like the settings for "Fury Road" and "The Hunger Games"
6. Everyone wants this one to narrate their life
7. Captain famous for his Mandolin
9. Marvel actor who died in 2020
10. A 1986 fantasy musical by Jim Henson
11. Grooming lacquer or John Travolta musical

Down

1. The twenty-third film in the James Bond series
2. Black Mirror: ___
4. A British black comedy film by Danny Boyle
5. 2002 American sci-fi film starring Christian Bale and Taye Diggs
8. A geologic period and a park in a Spielberg film

Around The World

Across	Down
1. Balkan Peninsula hot spot	2. Largest lake in Africa
5. Beautiful Norwegian town	3. Land called "The Roof of the World"
8. The capital of Scotland	4. Danish city
9. An Indonesian island	6. Major European river
10. Balkan person	7. Country in which the defunct Chernobyl site is located
11. Ontario ghost town	
12. First African nation to contest soccer's World Cup finals	

Shakespeare

Across

4. Family name of a Shakespearean character
6. Shakespeare or John Donne
7. Shakespeare hero
8. A character in Hamlet
9. Shakespeare, Kvothe, or Jaskier
10. Character in The Merchant of Venice
12. A character in the play Othello

Down

1. William Shakespeare's job
2. Mischievous sprite in a Shakespearean play
3. Shakespeare or Shaw character
5. Character in Romeo and Juliet
11. Tragedy in Ancient Britain

Destructive Words

Across	Down
1. Nearly wipes out	2. Treat atrociously
3. Obliterates	3. Wipes out
5. Make weak, run down	4. Trash
6. Disembowel	8. Die; rot
7. Badly disfigure	10. Wipes out
9. Detonation	
11. Moving (something) from its proper position	

WORD SEARCH

Kinds Of Sharks

```
S H A R P N O S E M E G A M O U T H A K S H F E O K
A C O K A N G E L B A S K I N G O F G I D A I E T A
O B H R S I L V E R T I P G N U C R O T S R N O H I
T V O Y N L W O A A I J X S W E L L B E B D E W R G
O I P R B L A C K S P O T N U R S E L F M N T D E R
H T G R N U E Y I C B A L L O O N U I I T O O U S A
D O F E D E T Y Q M U A W E A S E L N N F S O S H C
U H O S R U O W H I T E N P O C K E T U E E T K E E
Y O C K B I G N O S E S N D C S D O G F I S H Y R F
P I A M T G U L P E R C S Y E Z P F Q T O P N E E U
U P G Z V O S W Y M C I Z F E D E I S O T Q C J P L
C O P P E R O N E W F I E P C A Y B N N H T U L A C
E C I O I A E T G A N G E S M I L K R N E Y S E U H
G A U E E X L N H M F E S G I H G U R A E I N O L B
T X E Y U N U D A G G E R N O S E W A A C R E P E K
I T N X C H U P Y G M Y J G F Q V S H H D M R A T G
C A U A S P I G E Y E K F U A L N X F A R L V R T S
L E M O N G U M M Y S A L A M A N D E R L C O D E A
Q A O K C S I X G I L L S K N S P Y U O H E U J M T
X C R O C O D I L E B L A C K T I P E I I E S Z Z H
U G G U H F R I L L E D B L A C K N O S E O Y A M O
```

Angel	Copper	Graceful	Megamouth	Six-gill
Balloon	Crocodile	Gulper	Milk	Spinner
Banded	Daggernose	Gummy	Nervous	Swell
Basking	Dogfish	Gura	Nurse	Thresher
Bignose	Dusky	Hardnose	Pigeye	Tiger
Blacknose	Epaulette	Hooktooth	Pocket	Weasel
Blackspot	Finetooth	Horn	Pygmy	Whale
Blacktip	Frilled	Kitefin	Salamander	White
Borneo	Ganges	Lemon	Sharpnose	Zebra
	Goblin	Leopard	Silvertip	

Astronomy

```
A P D U T U X I J Y Z M C H E L I U M T E V Y E
C C U H E I Q D U V W O A F C A A D E F G U J I
I O O F Q H E A F T F O U J U D S Y Z Y G Y I F
E W U M T H H C I B I N T E R S T E L L A R O A
C E X T R A G A L A C T I C U O R H U S C R F O
Q U A Y S E B A N I T M B R S U P E R N O V A A
A S T E R O I D X M P S Y F Y E N L D R E X U M
T E L E M E T R Y U D S T J M L S I U C M K E U
K I L O P A R S E C W O E T I O N O S P H E R E
S I N G U L A R I T Y S P Y A V N C T L H I N I
I V J U P I T E R D N E E P D E I E U H U I Y O
C A P H P E R I H E L I O N L F D N I N C N N U
O C I S U C E E M E R C U R Y E I T I E D P A N
M U P M M B C E L E S T I A L I R R Z Q A A S R
E U W A R E B G A L A X Y M A G N I T U D E A N
T M C I B S O L S T I C E T L Q T C N I Z Z T E
U R A N U S S B E S T A R L I G H T A N Z E U B
M E T E O R H T T E R R E S T R I A L O O Y R U
I N E R T I A X E U N E O Q D X F O F X Y O N L
E C C R A C L U S T E R Q W N E P T U N E T Q A
```

Asteroid	Extragalactic	Ionosphere	Moon	~~Starlight~~
~~Celestial~~	Galaxy	Jupiter	Nebula	Supernova
~~Cluster~~	Heliocentric	Kiloparsec	Neptune	Syzygy
Comet	Helium	Lunar	Perihelion	Telemetry
Doppler	Hubble	Magnitude	Saturn	Terrestrial
Eclipse	Inertia	Mercury	Singularity	Uranus
Equinox	~~Interstellar~~	Meteor	Solstice	Vacuum

Ships And Boats

```
N W D A N C H O R C A P S I Z E Y S O Z F C N
A D R E A D N O U G H T S U L E D D V U R R L
U T R A A O B A L L A S T M K A O R E N Z U A
T B H F F D F O R E M A S T A E C S R P R I B
I A D M W U D E S T R O Y E R C E U B E A S X
C P I E I T O E N F B B Y G Y E I L O N Z E D
A O N Z C I C D C B K A O H A P P O A N C R H
L L K T R K P L I Y O L R A E L J K R A O E O
W R M M E H H G I S D W I G T L L F D N C R I
X L I P W N C A U P P F S F E S M E O T K S S
Y T F R I G G I N G P L I P E O W S O U P I T
C A T A M A R A N D T E A G R L M A M N I S T
B A T T L E C R U I S E R C U I I O I A T C B
E N W S F B U V Z M M C A N E R T N O N N H I
G A L L E Y I S U K M F A F U M E U E R H O L
M I Z Z E N M A S T B T H R H A E H Y E I O G
E W N X V J T C E I P U T T G B S N E K E N E
S H U L L T C E P C I A O I X O A M T A C E G
N L Y O K Z U S L R U U T Y C Q Y O U C D R E
```

Anchor	Buoy	Cruiser	Galleon	Mizzenmast
Ballast	Capsize	Deckhands	Galley	Mooring
Barge	Cargo	Destroyer	Helmsman	Nautical
Battlecruiser	Catamaran	Displacement	Hoist	Overboard
Bilge	Clipper	Dreadnought	Hull	Pennant
Boatswain	Cockpit	Figurehead	Keel	Rigging
Bowsprit	Crew	Foremast	Lifeline	Schooner

Bodies Of Water

```
P Y E R T Q G E E V Y O R D F H M S P I
N B R E S E R V O I R O P A J O E S S M
F I I A H I S P O R S A O M O T O T O C
R S L L I R D E L T A N S N R I M R U O
P T G A L E G L A C I E R G D V O E C V
R A I S G A H N E D I N A Z U B R A A E
E R S A N O B A C A N A L F U L E M T F
P U D D L E O O R A C Q T N E T F P A E
A V U I C L C N N B A S I N N U P M R N
L A K E F N N V F G O S Z G R P G N A F
M A R S H B O G M M F R H G A Z O I C T
W E T L A N D L O U A E G B A Y G O T C
C H A N N E L O A G L X N B J J Y O L Y
N A R R O W S C T I L U O E S T U A R Y
B A Y O U J P H O S S C P I E Y I T X G
A W U G E Y S E R C R E E K A P O N D O
M I S U A A N B R O O K S T R A I T P N
```

Basin	Cataract	Falls	Lagoon	Pool
Bay	Channel	Fen	Lake	Puddle
Bayou	Cove	Fjord	Loch	Reservoir
Billabong	Creek	Geyser	Marsh	Sea
Bog	Dam	Glacier	Moat	Strait
Brook	Delta	Gulf	Narrows	Stream
Canal	Estuary	Harbor	Pond	Wetland

Nobility And Castles

```
P Y E R T Q G E E V Y O R D F H M S P I
N B R E S E R V O I R O P A J O E S S M
F I I A H I S P O R S A O M O T O T O C
R S L L I R D E L T A N S N R I M R U O
P T G A L E G L A C I E R G D V O E C V
R A I S G A H N E D I N A Z U B R A A E
E R S A N O B A C A N A L F U L E M T F
P U D D L E O O R A C Q T N E T F P A E
A V U I C L N N B A S I N N U P M R N
L A K E F N N V F G O S Z G R P G N A F
M A R S H B O G M M F R H G A Z O I C T
W E T L A N D L O U A E G B A Y G O T C
C H A N N E L O A G L X N B J J Y O L Y
N A R R O W S C T I L U O E S T U A R Y
B A Y O U J P H O S S C P I E Y I T X G
A W U G E Y S E R C R E E K A P O N D O
M I S U A A N B R O O K S T R A I T P N
```

Aristocracy	Chivalry	Dungeon	Jester	Queen
Armor	Count	Dynasty	Jousting	Reign
Ballista	Crest	Empire	Kingdom	Royalty
Baron	Crown	Feudal	Marquis	Scepter
Bastion	Drawbridge	Heraldry	Noble	Trebuchet
Catapult	Duchess	Imperial	Princess	Tower

The US Constitution

```
F R P C O N S T I T U T I O N A L Y U C S L F U
D S X L A S E N A T E R E G U L A T I O N E B T
T E P E E D O C U M E N T U I T J O I C X G I G
P M O E L D E M O C R A C Y N W U K R D F I L F
U P A Y U N G S T R E A S U R Y F S O E B S L F
B Y M J R I D E F E N S E V E U S C O I O L B J
A G Y I O A B A R N C A U I E W U D U E E A Y N
R K O T S R T A M C O N V E N T I O N Y P T A A
T E I V S C I I L E H E B C N T C A B I N E T T
I C M X E T R T F L N S U F F R A G E E R I N I
C T I U U R A U Y Y O D D T Y V E P A N E E B O
L K R T G S N L C A V T M C D E L K I W V D P N
E T P E I I J M L E A W T E E B E U Y E E O T A
P F J N A Z R U E E N S U E N X C E T I N E P L
Y E Y K M T E H D N G S S K G T T U I I U T D J
Z D O A T H Y N I I T I U E P Y O I M P E A C H
O E C O N G R E S S C W A S M E R W B N U D W U
C R E F K O S I U H F I P N Y B A F R D P O E I
T A X A T I O N H D I I A K C O L M O I M U F R
O L C U R R E N C Y I P U L N E J Y A E T M J U
```

Allegiance	Census	Democracy	Legislate	Revenue
Amendment	Citizenship	Document	Majority	Senate
Article	Congress	Electoral	National	Suffrage
Assembly	Constitutional	Federal	Oath	Taxation
Ballot	Convention	Government	Pledge	Treasury
Bill	Currency	Impeach	Ratify	Treaty
Cabinet	Defense	Judicial	Regulation	Writ

Symbols Of Luck

```
S H O O T I N G S T A R J R D P N F T
O S R C K M I E L M I G U N C P U E V
M O Y T D H Q S T O R T O I S E X O P
E C B S R J V Q M F S E V E N H H P N
H R B D E R A B B I T F O O T G A I N
T Y F O A R N O D R A G O N I E Y W P
E S A L M H O R S E S H O E N P T A E
U T A P C A M U L E T B U D D H A R N
C A P H A D R A G O N F L Y S E U A N
Q L F I T C P C H A R M T E N I P M Y
S S O N C U E F V L A D Y B U G S B R
K C D V H D U A C I R C L E P T A E M
O D A R E S C N P N R A I N B O W R D
N D S R R R O K W C B Z G S A L T A I
U R I E A F S H W I S H B O N E D S C
O I O L H B X F I D O U C G I A D Q E
```

Amber	Crystals	Clovers	Scarab
Amulet	Dice	Horseshoe	Seven
Ankh	Dolphin	Ladybugs	Shooting Star
Buddha	Dragon	Penny	Tortoise
Charm	Dragonfly	Salt	Wishbone
Circle	Dreamcatcher	Rainbow	Rabbit Foot

Countries

```
A D E P E H F E X P A O A P R A F G H A N I S T A N Q
O R H D T P X T S I Q D P M V A Q F E S D X I I A Q B
Q A G V A M O I H B X S E N E G A L K Y R K J J G E E
Y H A E C R F A D A A Y K E I L O R E E W A M G F I O
G O S Y N T M I S A I R I M N N A B A S E Z E U S J P
U I N F U T E E T Y S L B I G B D T C E I A S A E I F
P E R U J N I L N A I G A A I E J I V U P K H T M I B
N F G Y E U Y N A I L U E N D C Y Y A I X H O E O C A
I N D O N E S I A A A Y P W D O I E G C A S N M R E N
D F U S C Y P R U S L F Z T J E S Z M J B T D A O L G
G C K J H P H O K W T B H U N G A R Y E P A U L C A L
D H R I A A C P R R C U A C N O M A N P N N R A C N A
C H A D E M I T U T A V S N A Z E R B A I J A N O D D
N R I N Z A A T M A U R I T I U S A N Y X V S E Y E E
E S N E A L I I I E M G A W T A D E N M A R K J F E S
Y X E Y M T U B C J G T A G R E E C E C C U J R I C H
E G Y P T A N E P A L Y F L R U S S I A C U B A N U U
I R E L A N D P O L A N D C A M E R O O N E R F L A I
E U T L I E C H T E N S T E I N Z I M B A B W E A D A
U A V E N E Z U E L A V I E T N A M C Z U A V B N O C
Y P R E T H I O P I A P A N A M A I U D H X Q J D R U
B O L I V I A J A X N G Z A I G I K S R E M E X I C O
```

Afghanistan	Cyprus	Haiti	Latvia	Portugal
Albania	Denmark	Honduras	Liechtenstein	Russia
Argentina	Ecuador	Hungary	Malta	Senegal
Armenia	Cameroon	Iceland	Mexico	Thailand
Azerbaijan	Egypt	Ireland	Morocco	Ukraine
Bangladesh	Ethiopia	Italy	Nepal	Venezuela
Barbados	Finland	Indonesia	Oman	Mauritius
Bolivia	Ghana	India	Panama	Vietnam
Chad	Greece	Jamaica	Peru	Yemen
Cuba	Guatemala	Kazakhstan	Poland	Zimbabwe

Elections

```
V I B K P N C E O E K F U I R I M A E O M Q
C O N S T I T U T I O N E K P T P O F E W W
T I P A R T Y C O N G R E S S O A O Y V T R
R E N U C A T J M I B V S E X O L L E G Q J
E A L D S A A B S E N T E E T D C L L D X W
F G C E E M P Q I Y C M I D T E R M Y O U
E W A R C P N P R I R F U R E C O U N T V S
R A N D L T E A A B B O A M S U F F R A G E
E T D O G M O N T I Y E I Z B B U D N U Q P
N Y I T E R M R D O G D C I I E N C N M R L
D M D R R X X B A E R N C D W Y N J M Y L A
U M A J O R I T Y T N C A U C U S T Y H O T
M D T B A L L O T O E T D E L E G A T E B F
D Z E P P C P N A P R I M A R Y T R B R B O
G E R R Y M A N D E R S M G O E Z E D I Y R
D E M O C R A C Y L E G I S L A T I V E I M
P R E C I N C T P L U R A L I T Y S T Y S M
C O N V E N T I O N K R E R D R U I O I T W
```

Absentee	Constitution	Incumbent	Party	Recount
Ballot	Convention	Independent	Platform	Referendum
Campaign	Delegate	Legislative	Plurality	Senator
Candidate	Democracy	Lobbyist	Poll	Suffrage
Caucus	Electorate	Majority	Precinct	Tally
Congress	Gerrymander	Midterm	Primary	Term

Elements

```
S E L E N I U M B Q I R O N B T B R V D D X
G F I K V B C H R O M I U M I H M A I U E A
I E L M R P A L L A D I U M S Y M L N B B E
P P O E D A S I M U M T U E M D E U I N Z T
T S O G A Z I R C O N I U M R R M C I I F
H R D U C D I R E K Z O E O T O C I K U N L
H E P H O S P H O R U S I E H G U N E M C U
F A L N Q V W R A R S E N I C E R U L U N O
P E N I P L U T O N I U M F N Y M I R I R
O I Z E U H E D E W K P K R Y P T O N A T I
R R O B O M I D N S D Y A A U D D E C N R N
L I Y F A N M A G N E S I U M C F Y I O E
I D Y E D R C A D M I U M I O D I N E U G C
T I W R A D I U M O X Y G E N O F R N M E R
H U U X R O M U E W U S H T V E D T C A N E
I M C A R B O N M C U M E A O L Y Y E F B N
U C F C Y S C A L C I U M E Z E G O L D O Z
M G A L L I U M E H C H T H O R I U M R J P
```

Aluminum	Chromium	Iodine	Mercury	Plutonium
Arsenic	Dubnium	Iridium	Neon	Radium
Barium	Fluorine	Iron	Nickel	Selenium
Bismuth	Gallium	Krypton	Nitrogen	Thorium
Cadmium	Gold	Lead	Oxygen	Uranium
Calcium	Helium	Lithium	Palladium	Zinc
Carbon	Hydrogen	Magnesium	Phosphorus	Zirconium

Languages

```
I B C K S H L F C N E S O K Z O U I S P E P F K D
R J O I P A H B U M C Y K T H A I A K T D R A P Q
V I E T N A M E S E W E U Z F J E I O N U I R O W
A R M E N I A N F E U E R U E B D U C O P S O O M
H I N D I R U S S I A N D O V N U U U R U M E Y N
F I L I P I N O G M S L I G E F T O Z W N O S U E
C F S U P A L P P A M S S F O C C R B E J L E U P
J Y G C Y E T O J D E Y H S A R H I E G A D D M A
Y O R U B A H L B E N L Z U L U U Y K I B O O O L
W W E D G P A I E X O S I E P K I A C A I V X R I
C H I N E S E S H P F W C C N K K O I N I A U I E
Y Z I L G X A H W R U E V P N A S A M I R N E G S
I C E L A N D I C S E D H A K K A Z T Z O K H F T
P O R T U G U E S E I I U R D U W U O K M C A F O
A F R I K A A N S S M S Y I I R I S H G A I W T N
G R E E K J A P B U F H U K R A I N I A N I A A I
A R A B I C T I B E T A N B E N G A L I I L I M A
C R E E R A H S U K U D L I T H U A N I A N I I N
F I N N I S H B A S Q U E W E L S H P T N S A L T
N C A T A L A N C A J J C A N T O N E S E E N A Y
```

Afrikaans	Dutch	Hindi	Oriya	Thai
Arabic	Estonian	Icelandic	Polish	Tibetan
Armenian	Faroese	Irish	Portuguese	Ukrainian
Basque	Filipino	Kurdish	Punjabi	Urdu
Bengali	Finnish	Lithuanian	Romanian	Uzbek
Cantonese	Gaelic	Māori	Russian	Vietnamese
Catalan	Greek	Moldovan	Sami	Welsh
Chinese	Hakka	Nepali	Swedish	Yoruba
Cree	Hawaiian	Norwegian	Tamil	Zulu

Legal Terms

```
I N C A R C E R A T I O N O J M I S D E M E A N O R
M F E N A T T O R N E Y L N N F E E T D X E U H R E
R K N Z X F A F U G Q E I S F O E J V C I U G N C S
S U E E H R H O S T V X T Y K A D S E E U E T T K C
Q I G O L L R L V W P E I M O B Z Z G Q W R E Z N R
I I L A U K E T Q E B I G J T L I U S U R Y S M C O
P A I C C A P E V E X S A O C A S E X P S D T T K W
A L G Q R E X O N E R A T E K Y W T A I U I I O N C
R L E U V O P R O B A T I O N F I A A N D E M R Y C
A E N I I A T C O M T C O R G T E M R E B F O D N O
L G C T H E A R I N G B N F Q L D L C R E M N I A M
E A E V S T T K P A Y U L I A B L E O E A F Y N P P
G T F E E I R H Z E D F E E O T L F E N K N O A P L
A I I S A F N E F N F U F N P B R T V J Y A T N E A
L O M U J U R I S P R U D E N C E C I S B R S C A I
V N M B S E B A O O W C O N F E S S I O N G S E L N
E P U P C O U N S E L A J U D I C I A R Y U Y P G A
Q C N O P V M P L E A U I N F D I S B A R M E N T N
U S I E B A I L I F F U T V Y K R E V I D E N C E T
I E T N L A R C E N Y V E I E O O Y M Q G N O E A L
T A Y A F F I D A V I T Y J O R I V A C A T E Y E L
Y M A N S L A U G H T E R B N N W I T N E S S G I X
```

Acquit
Affidavit
Allegation
Appeal
Argument
Attorney
Bailiff
Case

Complainant
Confession
Counsel
Disbarment
Equity
Escrow
Evidence
Exonerate

Felony
Hearing
Immunity
Incarceration
Judiciary
Jurisprudence
Larceny
Liable

Litigation
Manslaughter
Misdemeanor
Negligence
Ordinance
Paralegal
Plea
Probation

Resolution
Subpoena
Testimony
Usury
Vacate
Waiver
Warrant
Witness

Geometry And Math

```
E O P Y F X Y A M G O B V D N E L T T M A X J C K
O A E T O Q N R R C T U P N E E N S T A D A U I N
Y D R Z I S W U P I H B N Y S O R A I N D D I R E
S U B T R A C T M T T R A P E Z O I D G I I E C Q
C A L C U L A T E E I H N T E G N O T L T O B U U
G U G D I E I S V G R U M T N Z O X F E I D I M A
Q U A D R A T I C S V A S E C H F A O I O I N F T
S U A E I O X U D M Y F L H T S Z Q H U N F A E I
Y G M C D I T O P E R P E N D I C U L A R V R R O
Y V E I T E S U E T R A D I U S C E L U K O Y E N
E F D M P U N O P O L Y G O N P A R A B O L A N S
U E I A U R M O S V A R I A B L E O G A S U O C P
E S A L Z B O D M C E P D S R U N I T S U M G E E
A F N D J N X D I I E P D I E Q U A L T T E V G R
F R A C T I O N U V N L C O M P A S S L T X E E C
O C T A G O N I L C I A E S U D U N H C S P R O E
H Y P E R B O L A I T S T S I N T E G E R O T M N
P A R A L L E L C U N U O O T D U R T E F N E E T
F O R M U L A E X L U E A R R P E I M A C E X T J
F A C T O R I A L B M T A N G E N T I A A N T R Y
M F H L D S Y M M E T R Y R K F E A F I M T M Y E
```

Addition	Denominator	Geometry	Parabola	Subtract
Angle	Divisor	Hyperbola	Parallel	Symmetry
Arithmetic	Equal	Integer	Percent	Tangent
Binary	Equation	Isosceles	Perpendicular	Trapezoid
Calculate	Exponent	Linear	Polygon	Unit
Circumference	Factorial	Median	Product	Variable
Compass	Formula	Numeral	Quadratic	Vertex
Decimal	Fraction	Octagon	Radius	Volume

Metals And Alloys

```
S Y Y W M M T Y O A P J O B S R U I
S T E E L M E T A L L E I R O N L R
E F W X C O D A L E A D W C Y A A I
T V D A O T U N G S T E N T W J E D
C V F S P E W U I L K L P T E I S I
G O L D P Q Q Z V C D O F S T R P U
M A G N E S I U M N Z I N C I C U M
A K J E R P L A T I N U M H N H R Q
A L U M I N U M Y U F A E W Q R A D
S T I T A N I U M C V R R P X O N C
I V W A N T I M O N Y W C D C M I O
L G U N M E T A L G R O U R Q I U V
V U E G F Y F B R A S S R J H U M N
E M T D C O B R O N Z E Y E Q M U E
R C H R O M E Y T E V A L L O Y G C
```

Alloy	Chrome	Iridium	Metal	Tin
Aluminum	Chromium	Iron	Pewter	Titanium
Antimony	Copper	Lead	Platinum	Tungsten
Brass	Gold	Magnesium	Silver	Uranium
Bronze	Gunmetal	Mercury	Steel	Zinc

Military

```
A A C C A O Y J U G U N P O W D E R U O S V R I X I A S
R E T E F E T L E M A U S G U O U P L A T O O N D P V C
T R Q E T L Q U U E X N E C K U G N U I N F A N T R Y A
I C T B D O E S I H B R R S A D M I R A L E N G A G E N
L P I U E C X E Z D E Y V N T M J A M I S S I L E C A N
L T C E F Q I C T O S Q I I A Z N B I T A N K Y P S R O
E W I J E B R I G A D E C P X A A V E T E R A N Y A M N
R Q Y U N P I N D X I J E E O X D D Q C R Y O T U E I Y
Y I Y X S U B M A R I N E R S E R G E A N T P B U H S U
L A J N E C A P T U R E I E N C A M P M E N T F C P T S
B M I T R E Y C A M O U F L A G E O C E D D P U E R I I
D A S A B O T A G E Y S L E I W E A P O N C E R U Y C H
I W R D N O U Q U A R T E R M A S T E R R O Z L N E E E
C A X R Q I M Y C R M C N A A E M G S I E L C O I O L A
B O D O A B E B O Z N U T Q M I G U Q B G O H U T M I D
Y A R I S C I T A C T I C A L A O E U A I N I G A A E Q
U O L P A A K P A R A C H U T E N R A T M E T H R N U U
R E Y L O Y H S N U D Y F G X D E R D T E L O Q S C T A
P W O W I R W A R F A R E E E A R I R A N O R I E E E R
C A D E T S A E I E P L I E L D T L O L T Q P F N K N T
T R O O P S T L M U G A J E E W H L N I T T E I A U A E
O G N Z O R D I N A N C E M C A I A O O C H D T L D N R
O Q O A M M O U C A N T E E N B A Y O N E T O T N I T S
```

Admiral	Brigade	Engage	Parachute	Submarine
Ammo	Cadet	Fleet	Platoon	Tactical
Armistice	Camouflage	Furlough	Quartermaster	Tank
Arsenal	Cannon	Guerrilla	Regiment	Torpedo
Artillery	Canteen	Gunpowder	Sabotage	Troops
Ballistic	Capture	Headquarters	Seaman	Unit
Barracks	Colonel	Infantry	Sergeant	Veteran
Battalion	Corporal	Lieutenant	Service	Warfare
Bayonet	Defense	Missile	Sniper	Weapon
Bombard	Encampment	Ordinance	Squadron	Yeoman

Musical Theory

```
I I S P X U Z R T E M P O M Y N Y A P O A M E O D B P
O I I C R V K L T L C N O R K F R Y R L P E R O A Z B
Q A U L C I R W R O F Q N A C F F Y Q L X E E C C O U
L R I U M E Z Z O C D A F O R T I S S I M O M C O V J
I P P M O I I S Z U M E S P R E S S I V O C I D Q I V
B E H A R M O N I C S L R F D F U T E M Z A N F U B V
R G B S T A C C A T O C X Y O F P P D O C T O T A R W
E G R A P R E S T I S S I M O A E H F P H I R D V A S
T I A H S A D A G I O Z D M A J O R R E O M G I E T Y
T O C G Y S T P E N T A T O N I C N M R R B C M R O S
O N T D Z T E R M O D E R A T O Z G P A D R E I D X C
A S V A I R H I E M M C F O R Z A N D O T E O N L C S
C A D E N C E M N B E R E L I G I O S O N A P U F K C
P I A N I S S I M O L L N F C R E S C E N D O E C U H
I N T O N A T I O N E E O P O L Y P H O N Y I N E E E
F A Q R Y F L E G A T O T D I T Y O C T A V E D M D R
I P T R E O S D T J A I D G Y U I I I M O A S O V U Z
F O R T E Y S R F U G U E H F U R I O S O P R E S T O
G R A N D I O S O S F D P Z C T N D I S S O N A N C E
P I Z Z I C A T O A L L E G R E T T O I N T E R V A L
N O T E S E S E D O L C E P E P S O N A T A Q S L D D
U W L K A C C E L E R A N D O C O D A N D A R C L E F
```

Accelerando	Diminuendo	Grandioso	Moderato	Quaver
Adagio	Dissonance	Harmonics	Notes	Religioso
Allegretto	Dolce	Interval	Octave	Rhythm
Arpeggio	Espressivo	Intonation	Opera	Scherzo
Bass	Fermata	Legato	Pentatonic	Sonata
Cadence	Forte	Libretto	Pianissimo	Staccato
Chord	Fortissimo	Major	Pizzicato	Tempo
Clef	Forzando	Melody	Polyphony	Timbre
Coda	Fugue	Mezzo	Prestissimo	Treble
Crescendo	Furioso	Minor	Presto	Vibrato

The Ocean

```
X P N S M E M A T S U N A M I R I N B I V O I B S
D A P R E F B E I U W C O E L A C A N T H N C C E
N I O H Z P A A N W A F X Y E N C U E E Q N V C A
C D J E Y B E K O H L S R T L K Y T M C B U Z T H
J O S B S T N H X E R D P O R P O I S E L I U A O
E L M K A A O A Y L U J S I E Y E L U M E A E C R
L P D Z A R V P M K S U A H T B L U Y Q U Y M L S
L H K M O T R O L B N A U J A C Y S H U B M T G E
Y I E R N O U A M A E O B F U R C H I N Y P Y R F
F N L O I Y P N C A N R S E A L K H U K K C J O L
I M P G E L L A U N K J E U K Y P E T W O C U O
S A T X T E L O A B D A T A P R E B R R I P A P U
H C J R N P M N B N A A T O C D L L G F R D D E N
S K Y V R Q V X I S K L O E N K L O S A A I E R D
Y E S T I N G R A Y T T O E E D O W O H R L N S E
C R M O L L U S K Y Y E O N P O W F R C R L G G R
A E W R S T A R F I S H R N E N F I E W T I W A T
Y L C U T T L E F I S H D L T J I S E M A O M U E
P U E N Z Q K S Q U I D E K O A N H F R L V P P X
O R C A B A R N A C L E N A R W H A L O E E E U A
Y O D N Q S C A L L O P N C T Q T O Y S T E R S S
```

Abalone	Dolphin	Manatee	Reef	Tides
Algae	Flounder	Mollusk	Scallop	Tsunami
Amberjack	Grouper	Narwhal	Seahorse	Tuna
Barnacle	Herring	Nautilus	Seal	Urchin
Barracuda	Jellyfish	Octopus	Shark	Walrus
Blowfish	Kelp	Orca	Shrimp	Waves
Clam	Krill	Oyster	Squid	Whelk
Coelacanth	Lobster	Phytoplankton	Starfish	Yellowfin
Cuttlefish	Mackerel	Porpoise	Stingray	Zooplankton

Pirates Ahoy!

```
H B R M N R N A E B C X S T N W V R T V Y D C A X K I R
R H Z A T U I M E O T R P T F O T F R Y C A O E I R F B
S U C B F V A N D A L I Z E I E Q H A F L Q R M G I S T
C M L C P L Q U A R T E R M A S T E R D L F S O A K U R
S P O I L S A A F C L U A B K N C R S O M P A I N S S E
E V H O O K F G R B A E N R R J O B S U T U I I G U E A
B R I G G I N G E V N N G M T D I U E B P J R L P E N S
J E L I C M Q Y A W D Y C O F X N C G L L E O F L P Q U
S B H R O R S U U M L I P R U S S C T O U U Z D A A E R
E F A E A D O O L U U Y O H O A U O N O B M N P G E
X L L N A M P O E S B U L Q C O R N H N D I C A K E U E
T S S O D D A P K K B R A B U U E J F E V A R R Q U S
A P K D T O I L J E E S D O O T E E C A R G O O M R F V
N A Q L E S L A A T R A V A E C Y R N N E C S O H Z E D
T R C A P T A I N R O R E T Y A E R U D D E R N U A Z L
P R B O O T Y M E E I M N S T S P C U T T H R O A T X I
E O M A R A U D E R N A T W A T A Q T I D E S C U R V Y
G T B R A W L H X Q U D U A Y S T U R F K E E L H A U L
L P I S T O L E E U U A R I E O C S K I F F L O O T F U
E C U T L A S S A I L U E N T L H F E C O M P A S S K T
G U S F C A N N O N S P A R L E Y B A N D A N N A W Y P
A H O Y H N P L A N K T B O U N T Y G A L L E O N I F O
U A G I C S W A S H B U C K L I N G U N N E R G R A I D
```

Adventure	Buccaneer	Flag	Maroon	Rigging
Ahoy	Cannon	Flotsam	Musket	Rudder
Armada	Captain	Galleon	Outcasts	Sail
Aye	Cargo	Gangplank	Parley	Scurvy
Bandanna	Coins	Gunner	Parrot	Sextant
Bandolier	Compass	Heist	Pegleg	Skiff
Barrel	Corsair	Hook	Pillage	Spoils
Behead	Crook	Keelhaul	Pistol	Swashbuckling
Boatswain	Cutlass	Landlubber	Plank	Tides
Bounty	Cutthroat	Loot	Plunder	Treasure
Booty	Doubloon	Malaria	Quartermaster	Vandalize
Brawl	Eyepatch	Marauder	Raid	Yo-ho-ho

Instead Of "Said"

```
D D A R D S J E C M W E R U I Z O N C O R R E C T E D
T O L D U U U E A F F I R M E D A S S U R E D U O Q O
L O O T R S M C S E Q O E E X C L A I M E D Y M P Y E
I D E M A N D E D T W E I S S U O O B L U R T E D I I
C F R J E U U O P I E A D M I T T E D Z O D P E X R E
Y T C D P V N R A U C D I W V W A N N O U N C E D R H
W Q R F P G R T P C O N F E S S E D J A B E V V T C S
A R G U E D E R E F R E T T E D S T A M M E R E D L I
I N S I S T E D I D Y E V X S V L D N I N N T D B A G
F A P O L O G I Z E D P M Y U A S A F O P N J B E I H
X U C A U T I O N E D B C I R T I N P R T A M I G M E
H Y M W H I S P E R E D M F N A T S O O U E G V A E D
A P P E A L E D T A D V I S E D N E C R P S D R N D C
P L E A D E D C O N C E D E D R E T R O T H L I E D M
W H U E X H I F M E N T I O N E D D E E F E I P G E I
A C K N O W L E D G E D O B S E R V E D D F D S A W D
I M P L I E D G U E S S E D D D E Y H M C F E M S M U
T T A U Y S C Y A A U C P R O M I S E D R F B D P E T
M I V O U C H E D A N S W E R E D O G L R E P L E T D
U F N A O U A P A W O Y I P U K F X C R L P M H D O M
D O E M E A L L E G E D S W O R E W P C U E N E J N Y
A Y U R R R Q U I P P E D A D D E D E A O Y D U D Q P
```

Acknowledged · Appealed · Demanded · Lied · Sighed
Added · Argued · Exclaimed · Mentioned · Snorted
Admitted · Assured · Fretted · Noted · Stammered
Advised · Began · Fumed · Observed · Swore
Affirmed · Blurted · Gasped · Pleaded · Taunted
Agreed · Cautioned · Guessed · Promised · Told
Alleged · Claimed · Hissed · Quipped · Uttered
Announced · Conceded · Implied · Ranted · Vouched
Answered · Confessed · Insisted · Reminded · Whispered
Apologized · Corrected · Jested · Scoffed · Yelled

USA Flag Day

```
Y U N C F G R H E B A N N E R C J N A J
H Z B D S P H E K I C N R O P S U D N U
S Z M L P Z I E F Y A B P R E G N O S F
J T A I U A S H X F C O U F N O E U T L
H O A E M E T A I I Z N K O S F R J R A
Z I O P M E O R E D S E C C I I O H I G
U Y O S N N R S I A Q D R J G F C A P U
C O U N T R Y P A O G O R O N T R L E W
B E T S Y R O S S L T L R W U Y R F S H
O F F I C I A L X E U I E G Q L A S E I
A M E R I C A N A C O T C O B H I T S T
F L U T T E R F J Q E K E S M I S A U E
H O I S T N A T I O N A L R T A E F N W
S T A R S P A N G L E D U A E A W F F P
H A L F M A S T Z T F I E L D D R R U O
E M B L E M U E G H M N B C C Z D S R L
J X B K U U M A S T P T Z I W I R U L E
```

American	Emblem	Flutter	June	Raise
Banner	Ensign	Half-mast	Mast	Red
Betsy Ross	Field	Half-staff	National	Salute
Blue	Fifty	History	Official	Star Spangled
Country	Stars	Hoist	Patriotic	Unfurl
Eagle	Flag	Stripes	Pole	White

Winter

```
V M D T F Y C M P R P E Q P P B A L A C L A V A Y S Q
D Z S C X R E J Z C O K E E D I Y N G X T Y U R S L R
N E K S D U O S U G A R P L U M D R E A R Y N N J L D
E S C O I J T S S R R O N R L E M N E L I F O V A O A
T Q B E P L T O T I Z F I R E P L A C E O L W S N E F
S U N C M O P E Z Y O I U C F S I C F K M U Y O U Q E
P L A F H B L H I D H M A U I I O O U N Q R D L A U B
S I I K L I E A K O E I S T A C N M D J D R R S R I R
I O G P T A L R R C A D U V E T L N C X R I A T Y L U
S C O L P H N L C B T B C H I M N E Y F A E F I O T A
F O E V A E A N Y J E M M I T T E N S U L S T C P A R
E R I B E C R W E O R B L I Z Z A R D Z U E Y E W L Y
V M O C E R I Y I L J L E S E I E X I A O X E E C Y C
E Y C Z O R C A F Y W A H Y P O T H E R M I A C Y I O
R F Y C E G G A L R E N G I N G E R B R E A D U E B M
G E R R B N L O S U E K U E N C E O P M U F F L E R F
R N I O T L O O P T A E M C E L C C Y O R U S K C I O
E U J N S Z E U V Q V T Z H I B E R N A T E E E Y F R
E U Y A D T E A E E Y F C I F U R N A C E E F G E W T
N E M M C E B N K U S R Q A N O R A K O F E I G D I E
S N O W M K E I O O P U R U Y G H A I L S T O N E N R
A R C T I C E R T B E R E T E A R M U F F S E O Y D M
O Z Y X H P L T U E C C L B R P P A E W I I K G M Y O
```

Anorak	December	Fleece	Hailstone	Overcast
Arctic	Drafty	Flurries	Heater	Polar
Balaclava	Dreary	Freezing	Hibernate	Quilt
Beret	Duvet	Frostbite	Hypothermia	Reindeer
Blanket	Earmuffs	Frosty	Iceberg	Slippery
Bleak	Eggnog	Frozen	Icicle	Snow
Blizzard	Evergreen	Furnace	Jacket	Solstice
Chilly	February	Gingerbread	January	Sugarplum
Chimney	Fireplace	Glacial	Mittens	Thaw
Comforter	Flannel	Gloves	Muffler	Windy

The US Navy

```
K L A N C H O R S A W E I G H S U B M A R I N E X
T E E D Z O E G U A N T A N A M O Q L C J B C R E
C Y N A V I G A T O R A G M N I J S W H F I E L Z
A T W A R S H I P K F R C S J Y X F A E C A C T F
R E C M M C W A S P Z A F L E E T R U S O D O C C
G S U O C O B Z L T A W S T E R N I A A N M N O O
O U O I O N T S E A F A R E R U A G V P S I T M M
A L W A Y S C O U R A G E O U S E A E E T R I M M
O U S Y W T Y A T F L O T I L L A T S A E A N I A
T R L T S I A M P H I B I O U S R E S K L L E S N
T S O A H T E A G P Y U R T F A E Y E E L M N S D
O N O L B U N E I I O V A A P Z V A L B A R T I E
P K P Z N T I Z O D T A I R C R A F T A T D A O R
S N E C F I M N D F D M R U V I F E R Y I P L N K
A O O A Z O I U A P P N O A N E S S X M O Y B I K
I A N I R N T S I V O F F I C E R L S X N J G N E
L Q E F I S Z C D K A E N A V Y Y D S H I P K G E
P S N E F F A I E I R L D M F T T G T A N K E R F
S T A R B O A R D E U K A L L I A N C E C O U E P
E O C O I B J C G E W N P E T E M A Q I C D X K C
A T A B O R A L S E M P E R F O R T I S T E D D V
```

Alliance	Commissioning	Flotilla	Naval	Starboard
Continental	Ship	Frigate	Navigator	Stern
Amphibious	Constellation	Guantanamo	Nimitz	Submarine
Anchors Aweigh	Constitution	Gitmo	Aircraft	Tabora
Chesapeake Bay	Warship	Vessel	Seafarer	Cargo
Commander	Fleet	Kearsarge	Semper Fortis	Tanker
Navy	Rank	Wasp	Always Courageous	Tarawa
Officer	Admiral	Leyte	Sloop	Topsail

Found in the Bathroom

```
N P V Y O E E T F C L R R Z U I G N T N J C
L B U B B L E S O L O F I V B T D U K M K O
O S H A M P O O N W M M R C Y A A X D C M N
T M U R D K A A F O E T B T L K T O A F U D
I S C L C O A H G K O L P U N U I H K C I
O O P A S U R O M O U T H W A S H P T O C T
N T O O T H B R U S H B A T H R O B E U G I
O J I Y N U L O O F A H A I R B R U S H B O
F R M F P G R B A B Y W I P E S O U A Q O N
C O L O G N E I P C U R L E R S B I D E T E
L A V A T O R Y N L A N T I S E P T I C R R
P S P A S I N K A A U T O O T H P A S T E S
U W I U S H A V E E L N R E S T R O O M D O
B R U S H O W E R U R M G F F T O I L E T A
F L O S S F A U C E T A T E B L I C A V M P
M O I S T U R I Z E R F Z X R E U I E I J U
O C M J V A I Y U U R J I O I K X S V E W S
O U I D L H A M P E R E H E R S B R H V D U
```

Antiseptic	Cologne	Hairbrush	Plunger	Soap
Baby Wipes	Comb	Hamper	Razor	Sponge
Bathrobe	Conditioner	Lavatory	Restroom	Toilet
Bathtub	Curlers	Loofah	Shampoo	Toothbrush
Bidet	Faucet	Lotion	Shave	Toothpaste
Brush	Floss	Moisturizer	Shower	Towel
Bubbles	Flush	Mouthwash	Sink	Urinal

Tools

```
P I S B E V E L Z O E G D E M V U X E B E C M S
M J N L N P C H I S E L P O L S U M E W L S N P
R Y D E D F Y N A I L P L T Z P E A J S U U Y E
W O R K B E N C H H J B I E I I T L P I N C E R
U R T U C L A M P I I O E Z N C P L E H W R U S
B A I A Y F W H F M E L R N S K U E E D D I T C
S C R E W D R I V E R T S U U A U T E S F N I I
C S C R A P E R A N C V N T A X C L I P P E R S
A H S H O V E L U B D R D M G E I S V D S Y O S
B X O P S T N F A E O S O A I R I D T H T W O O
R P E E I C U D A O A N U W U T I E U A A D L R
U J S Y K T A N J X H L I O B A J N C M P M E S
S A T H D E C L G M U A L X A A H F D M L V V A
H N O D A A S H P N E Z N E U K R A E E E I E N
V V N X N R N C F E C Q W D N R U L E R R S L D
N I G W B D P M Y O L R H Z S G L U E L O E T P
T L S P I A S E R T R S E D E A B E L L O W S A
H A C K S A W O N B H K E C O E W K N I F E A P
R A S P C R E A M E R E L W O O D W O R K E R E
U H I R D T Q U C W R E N C H R F D R I L L T R
```

Allen	Hacksaw	Handsaw	Pitchfork	Screwdriver
Anvil	Hammer	Hoe	Pliers	Woodworker
Axe	Clippers	Knife	Rasp	Workbench
Bellows	Crowbar	Level	Scythe	Shovel
Bevel	Drill	Mallet	Sharpener	Stapler
Bolt	Glue	Reamer	Sandpaper	Tongs
Brush	Grinder	Ruler	Scalpel	Vise
Chisel	Nail	Pickaxe	Scissors	Wheel
Clamp	Nut	Pincer	Scraper	Wrench

All About the People

```
I N D I V I D U A L E O S T S E F A O C E A Q
N U S F C L D E J Q E F N I U I X S N H I N K
O P F Y O P P O N E N T P S C C P D R A L Q Y
X A J A B O Y J Z F D L H E Y O A U E M O Q P
O G C T M A N T A G O N I S T H T Y S P E D O
C E Z Q E I E M P L O Y E E E O R L I I Q M V
L N C L U E L O O I W O M E N R O R D O N U B
A T M T A A N Y E M E U V Y R T N G E N M H S
S L O D M D I A A A N U N P F N P O N E U E M
S E E D K Y Y N G E N E V O A S Y F T N Q P A
M M U O D L Z V T E T K I N B R E O K A L T T
A A E F O L K S Y A R C G G L O T N U J S P E
T N A D O L E S C E N T T E H J D N I T O B G
E N E M Y E P R E L A C F A D B M Y E O H A R
E Y E T D G I R L F R I E N D Q O N U R R B O
B O Y F R I E N D E C P E D O E V R S N R Y O
A S S O C I A T E X O D E S C E N D A N T L M
O U R A O I X C O M P A D R E S R I H I A C J
I H D F F W P S K Z F R E S H M A N C M X D A
```

Acquaintance	Champion	Family	Kin	Patron
Adolescent	Classmate	Folks	Lady	Resident
Antagonist	Cohort	Freshman	Mate	Senior
Associate	Compadre	Gentleman	Neighbor	Teenager
Baby	Descendant	Girlfriend	Nobody	Toddler
Boy	Employee	Groom	Opponent	Women
Boyfriend	Enemy	Individual	Partner	Youth

Musical Instruments

```
N M P X M D J Y Y M D F O F I A M G N O C A R I N A
S E I G N V R B P M N Y G E Y H P E B O K U A Z S K
Y I G U P D Z M I C U M L P E O L U A X I D U D D E
E O N I S Y N T H E S I Z E R T R B G S I I S T C B
T K N T E N G L I S H H O R N B T K P I Z D I O O O
E R E A T V U V U Z E L A C C O R D I O N G T E N U
M C Y R O P G W R T R J U Y A F B Q P J Q E A P T Z
T G A E T R O M B O N E I T P E I L E B U R R P R O
J N I C C L A R I N E T R G E U N D Y R M I A Y A U
X Y L O P H O N E S A X O P H O N E D U S D F H B K
E K E R U K U L E L E U O D B O R U X L Y O I A A I
U U I D U W I Y C Z P C A S T A N E T S E O I R S I
W D S E S Y E F F T I M D R U M S T I C K S Q P S A
F S N R C E L E S T A B A L A I K A R P C S Y H
H A R M O N I C A Y N M F R G L O C K E N S P I E L
P I C C O L O T N B O H B C A B U G L E P E I C M A
Y C H L S T W R S D A N Q O O C B A S S O O N H C T
C L A V I E R U S P T U B A U M A N D O L I N O E C
L E U F N E E M B A N J O T M R O S T U N I E R L I
F L U T E Q N P C Y M B A L S I I B U Y C E V D L W
V I O L A F N E L Y R E D Y C W G N O D C N I W O B
K A Z O O N F T V I O L I N N Q I U E E W C S C P T
```

Accordion	Cello	Flute	Maracas	Tambourine
Bagpipe	Clarinet	Glockenspiel	Oboe	Trombone
Balalaika	Clavier	Guitar	Ocarina	Trumpet
Banjo	Contrabass	Harmonica	Piano	Tuba
Bassoon	Cymbals	Harpsichord	Piccolo	Ukulele
Bouzouki	Didgeridoo	Kazoo	Recorder	Viola
Bugle	Drumsticks	Lute	Saxophone	Violin
Castanets	English Horn	Lyre	Sitar	Vuvuzela
Celesta	Fiddle	Mandolin	Synthesizer	Xylophone

CODEWORD PUZZLES

EASY CODEWORD PUZZLES

Film Directed by Irvin Kershner in 1980

Philosophical Term

U	N	3	V	19	2	18	23	10
	24	2	U	24	H			

Something Extremely Beautiful or Impressive

| M | 12 | G | 23 | 1 | 2 | 1 | C | 14 | 23 | 25 |

26	12	16	12	26	19	13	23		21	19	10	5
	24		M		21				14		22	
	26	14	12		14	15	25	19	20	20	14	21
	12		8		12				13		21	
25	5	12	19	24	10		13	11	26	12	19	23
			23				22				10	
11	5	19	G		10	25	23	24	19	G	5	25
	14				14				M			
1	12	C	4	14	25		6	14	20	13	6	26
	C			23			19		6		25	
C	5	12	19	5	M	12	23		13	23	24	17
	14		2		25		G		9		14	
12	10	C	14	23	21		10	20	14	14	21	17

A	B	C	D	E	F	G	H	I	J	K	L	M

N	O	P	Q	R	S	T	U	V	W	X	Y	Z

Famous Cartoonist

Rock Band from California

C	R	8	8	17	8	7	C	8
C	L	E	24	R	9	24	3	E	R
R	E	23	15	23	24	L		

MEDIUM CODEWORD PUZZLES

The Head of The US Navy

| 8 | 7 | 20 | 2 | F | | 19 | F | | 22 | 16 | 26 | 16 | 6 |
| | | 19 | 4 | 2 | 3 | 16 | T | 20 | 19 | 22 | 11 | | |

A	B	C	D	E	F	G	H	I	J	K	L	M

N	O	P	Q	R	S	T	U	V	W	X	Y	Z

Characterized By Friendly Cheeriness and Pleasantness

| 17 | 9 | V | 16 | 25 | 10 | 16 | 18 | Y |

Agender American Actor

| E | Z | 16 | 7 | | 12 | 19 | 4 | 4 | E | 16 |

Extremely Popular British TV Show

| 15 | 1 | 23 | 22 | 1 | 24 | | W | H | 1 |

An Ancient Egyptian God of Chaos

| 21 | 24 | O | 24 | 6 | I | 11 |

A	B	C	D	E	F	G	H	I	J	K	L	M

N	O	P	Q	R	S	T	U	V	W	X	Y	Z

HARD CODEWORD PUZZLES

American Television Producer

Q	9	6	24	24	
M	3	25	23	18	24

10		M		19		23		23		3		26
3	8	3	12	21		13	11	26		20	3	7
17		M		25		18		15		1		1
1	9	M		7	21	24		18	24	21	25	23
				3		21		5				21
17	3	1	18	5		1	20	26	24	1	26	15
25				25				5		13		
3	24	23	11	18	6	6		26	20	21	24	1
		11		23		26		12		3		18
5	3	25	20	18		1	2	18	25	23	21	8
26		18		Q		18		5		21		6
18	24	4	6	9	21	24	16	3		25	7	21
6		23		21		12		6		1		1

A	B	C	D	E	F	G	H	I	J	K	L	M

N	O	P	Q	R	S	T	U	V	W	X	Y	Z

A Sexual Orientation

The Motto of The Pirate Utopia

20	5	R		22	5	21		A	12	21
	14	7	15	13	R	25	6			

A	B	C	D	E	F	G	H	I	J	K	L	M

N	O	P	Q	R	S	T	U	V	W	X	Y	Z

Exploit For the Purpose of Assault

| W | 20 | 12 | 3 | 5 | 22 | 21 | Z | 21 | 22 | 6 |

Cause A Strong Emotional Effect

| 19 | V | 11 | 26 | 20 | H | 11 | 25 | 15 |

ADVANCED CODEWORD PUZZLES

Gibberish; A Character of Lewis Carroll

J	20	1	1	2	21	17	11	7	23	24

5	■	J	■		2	■			20	■	20	23
20	14	20	21	3	■	1	20	7	9	14	14	9
21	■	6	■	1	■	■	■	19	■	12	■	21
9	3	8	21	11	3	8	25	12	■	3	12	6
■	■	2	■	17	■	20	■	9	■	■	■	7
7	20	21	10	2	■	25	17	2	14	4	25	18
18	■	■	■	21	■	■	■	5	■	21	■	2
20	7	7	11	5	26	6	■	7	18	20	26	6
8	■	20	■	■	■	11	■	2	■	15	■	■
2	11	5	■	14	9	5	2	5	■	15	9	8
20	■	9	■	9	■	■	5	■	25	■	14	12
12	5	5	2	21	10	2	■	14	2	2	23	5
16	■	22	■	20	■	26	■	24	■	13	■	6

A	B	C	D	E	F	G	H	I	J	K	L	M

N	O	P	Q	R	S	T	U	V	W	X	Y	Z

The Largest Flying Animal Ever

A German Word Used for A Hangover

17	10	25	24	4	21	J	10	6	6	4	12

A	B	C	D	E	F	G	H	I	J	K	L	M

N	O	P	Q	R	S	T	U	V	W	X	Y	Z

Phrase Used by The US Navy

25	21	7		10	21	9			
11	4	3	10		15	17	7		
10	21	9		22	21	17	25	7	9	Y

A	B	C	D	E	F	G	H	I	J	K	L	M

N	O	P	Q	R	S	T	U	V	W	X	Y	Z

Beloved Canadian TV Host

| 3 | 14 | 17 | 25 | | 6 | 20 | 17 | 26 | 17 | K |

EXPERT CODEWORD PUZZLES

Also Known as Mercury

5	11	18	11	16	17	18	9	26	6	16

4	15	21	■	25	19	5	■	11	15	20	26	18
19	■	20	■	24	■	6	■	24	■	4	■	5
1	8	15	20	13	■	12	6	20	12	15	9	1
23	■	17	■	26	■	5	■	22	■	■	■	9
17	11	19	9	6	5	6	■	6	20	19	17	6
■	■	18	■	■	■	17	■	■	■	23	■	14
22	19	11	24	19	■	17	21	24	2	15	5	18
15	■	■	■	7	■	■	■	5	■	2	■	25
9	15	21	■	24	21	17	■	11	4	18	9	18
11	■	19	■	19	■	23	■	24	■	10	■	9
19	9	13	6	20	■	18	17	20	19	6	9	18
5	■	20	■	18	■	9	■	6	■	20	■	23
15	22	6	20	19	11	23	■	13	24	17	16	3

A	B	C	D	E	F	G	H	I	J	K	L	M

N	O	P	Q	R	S	T	U	V	W	X	Y	Z

Researches Space

18	15	6	10	5	18	15	24			
15	2	26	5	18	15	1	6	10	8	21
15	18	4	■	21	16	15	8	2		
15	4	25	10	18	10	21	6	26	15	6	10	5	18

A	B	C	D	E	F	G	H	I	J	K	L	M
N	O	P	Q	R	S	T	U	V	W	X	Y	Z

One Of the Smartest Dog Breeds

| 11 | 1 | 20 | 16 | 18 | 20 | | 21 | 1 | 26 | 26 | 13 | 18 |

A	B	C	D	E	F	G	H	I	J	K	L	M

N	O	P	Q	R	S	T	U	V	W	X	Y	Z

Beloved American Actress

Kind Of Warship

23	11	25	3	7	3		
10	25	24	24	25	14	7	
3	7	24	1	18	13	15	7	18

A	B	C	D	E	F	G	H	I	J	K	L	M

N	O	P	Q	R	S	T	U	V	W	X	Y	Z

PUZZLE KEYS

CROSSWORD KEYS

US NAVY History

Setting Sail

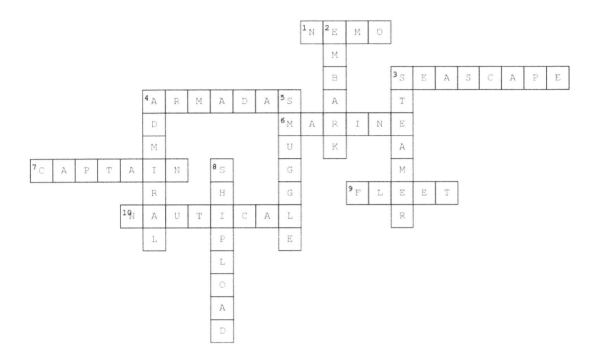

History

The Animal Kingdom

Ancient Greece

Getting Around

Arts And Literature

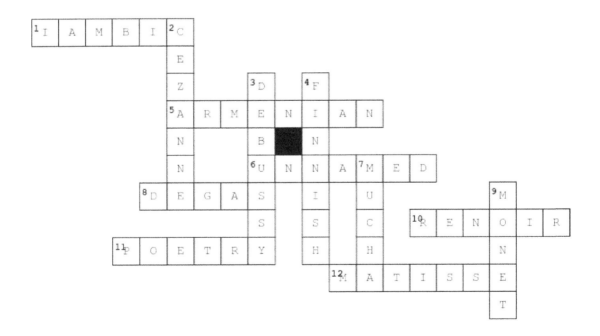

Language

Space

The US Navy

UK vs. US

Gods

Dual Meanings

Resort Islands

Across:
- 2. IBIZA
- 6. BORABORA
- 7. TAHITI
- 8. LIDO
- 10. CATALINA
- 11. ARRAN

Down:
- 1. MARTHASVINEYARD
- 3. BOISLAND
- 4. ARUBA
- 5. LOS
- 6. BIMINI
- 9. MAJORCA
- 11. ARD

Universities

Across:
- 2. COLUMBIA
- 4. YPSILANTI
- 6. STANFORD
- 9. PRINCETON
- 10. CARNEGIE MELLON
- 12. LOYOLA

Down:
- 1. HARVARD
- 3. KALAMAZOO
- 5. MONROE
- 7. ROOSEVELT
- 8. BERKLEE
- 11. MIT

Video Games

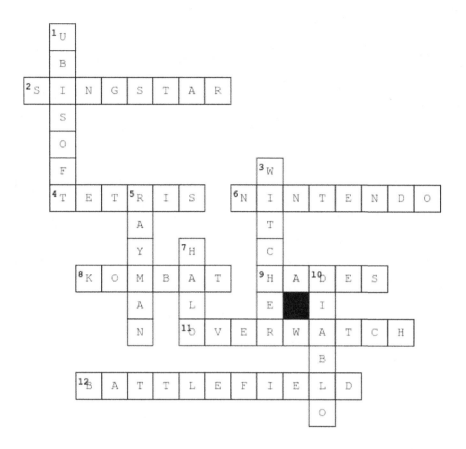

LGBTQIA+

Across:
- 4. BISEXUAL
- 5. SAPPHIC
- 9. STONEWALL
- 11. ENBY
- 12. ASEXUAL

Down:
- 1. HOMO
- 2. TRANSGENDER
- 3. RAINBOW
- 6. PANSEXUAL
- 7. AGENDER
- 8. INTERSEX
- 10. LESBIAN

Muscle Cars

Exclamations

Latin

			¹C			²C			⁴V		⁵E			
³M	A	N	U	S		L			E		R			
E			L		⁶N	U	A	N	C	E	R		⁷V	
D			P			S			H		R		E	
I		⁸R	A	D	I	U	S		I		O			
C						E		⁹C	O	R	P	U	S	
U								U					P	
S							¹⁰L	E	A	G	U	E	
								U					R	
							¹¹O	M	N	I	S			

Puns

United States

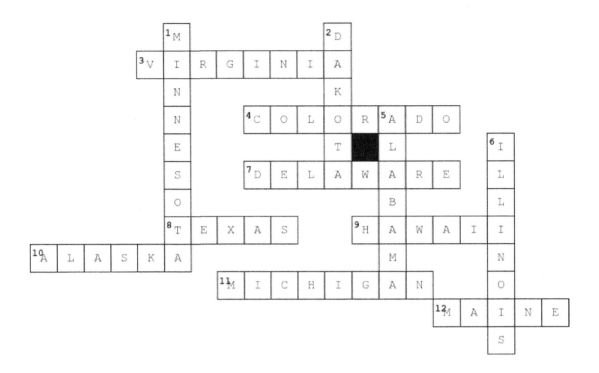

Sci-Fi

Movies

Around The World

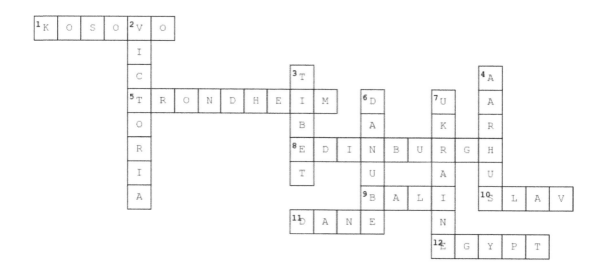

Shakespeare

WORD SEARCH KEYS

Kinds of Sharks

```
S H A R P N O S E M E G A M O U T H A K S H F E O K
A C O K A N G E L B A S K I N G O F G I D A I E T A
O B H R S I L V E R T I P G N U C R O T S R N O H I
T V O Y N L W O A A I J X S W E L L B E B E W R G R
O I P R B L A C K S P O T N U R S E L F M T D E R A
H T G R N U E Y I C B A L L O O N U I I T O U S A C
D O F E D E T Y Q M U A W E A S E L N N F S O H C E
U H O S R U O W H I T E N P O C K E T U E E T K E F
Y O C K B I G N O S E S N D C S D O G F I S H Y R U
P I A M T G U L P E R C S Y E Z P F Q T O P N E E L
U P G Z V O S W Y M C I Z F E D E I S O T Q C J P C
C O P P E R O N E W F I E P C A Y B N N H T U L A H
E C I O I A E T G A N G E S M I L K R N E Y S E U B
G A U E E X L N H M F E S G I H G U R A E I N O L K
T X E Y U N U D A G G E R N O S E W A A C R E P E G
I T N X C H U P Y G M Y J G F Q V S H H D M R A T S
C A U A S P I G E Y E K F U A L N X F A R L V R T A
L E M O N G U M M Y S A L A M A N D E R L C O D E A
Q A O K C S I X G I L L S K N S P Y U O H E U J M T
X C R O C O D I L E B L A C K T I P E I I E S Z Z H
U G G U H F R I L L E D B L A C K N O S E O Y A M O
```

Astronomy

```
A P D U T U X I J Y Z M C H E L I U M T E V Y E
C C U H E I Q D U V W O A F C A A D E F G U J I
I O O F Q H E A F T F O U J U D S Y Z Y G Y I F
E W U M T H H C I B I N T E R S T E L L A R O A
C E X T R A G A L A C T I C U O R H U S C R F O
Q U A Y S E B A N I T M B R S U P E R N O V A A
A S T E R O I D X M P S Y F Y E N L D R E X U M
T E L E M E T R Y U D S T J M L S I U C M K E U
K I L O P A R S E C W O E T I O N O S P H E R E
S I N G U L A R I T Y S P Y A V N C T L H I N I
I V J U P I T E R D N E E P D E I E U H U I Y O
C A P H P E R I H E L I O N L F D N I N C N N U
O C I S U C E E M E R C U R Y E I T I E D P A N
M U P M M B C E L E S T I A L I R R Z Q A A S R
E U W A R E B G A L A X Y M A G N I T U D E A N
T M C I B S O L S T I C E T L Q T C N I Z Z T E
U R A N U S S B E S T A R L I G H T A N Z E U B
M E T E O R H T T E R R E S T R I A L O O Y R U
I N E R T I A X E U N E O Q D X F O F X Y O N L
E C C R A C L U S T E R Q W N E P T U N E T Q A
```

Ships and Boats

```
N W D A N C H O R C A P S I Z E Y S O Z F C N
A D R E A D N O U G H T S U L E D D V U R R L
U T R A A O B A L L A S T M K A O R E N Z U A
T B H F F D F O R E M A S T A E C S R P I B X
I A D M W U D E S T R O Y E R C E U B E A S D
C P I E I T O E N F B B Y G E I L O N Z E X D
A O N Z C I C D C B K A O H A P P O A N C R H
L L K T R K P L I Y O L R A E L J K R A O E O
  W R M M E H H G I S D W I G T L L F D N C R I
X L I P W N C A U P P F S F E S M E O T K S S
Y T F R I G G I N G P L I P E O W S O U P I T
  C A T A M A R A N D T E A G R L M A M N I S T
  B A T T L E C R U I S E R C U I I O I A T C B
E N W S F B U V Z M M C A N E R T N O N N H I
G A L L E Y I S U K M F A F U M E U E R H O L
M I Z Z E N M A S T B T H R H A E H Y E I O G
E W N X V J T C E I P U T T G B S N E K E N E
S H U L L T C E P C I A O I X O A M T A C E G
N L Y O K Z U S L R U U T Y C Q Y O U C D R E
```

Bodies of Water

```
P Y E R T Q G E E V Y O R D F H M S P I
N B R E S E R V O I R O P A J O E S S M
F I I A H I S P O R S A O M O T O T O C
R S L L I R D E L T A N S N R I M R U O
P T G A L E G L A C I E R G D V O E C V
R A I S G A H N E D I N A Z U B R A A E
E R S A N O B A C A N A L F U L E M T F
P U D D L E O O R A C Q T N E T F P A E
A V U I C L C N N B A S I N N U P M R N
L A K E F N N V F G O S Z G R P G N A F
M A R S H B O G M M F R H G A Z O I C T
W E T L A N D L O U A E G B A Y G O T C
C H A N N E L O A G L X N B J J Y O L Y
N A R R O W S C T I L U O E S T U A R Y
B A Y O U J P H O S S C P I E Y I T X G
A W U G E Y S E R C R E E K A P O N D O
M I S U A A N B R O O K S T R A I T P N
```

Nobility and Castles

```
D U C H E S S B Y R J Z P B T P U E N P U
O T Q S O D E R A Q S O G T D U S Q Q S P
U T U X O Y N A A S M T U R P R S J Z Z F
M C B E E N E E M M T A L S C E P T E R M
D U N G E O N I C Y T I R U T O A W U V S
I P E A Q E M P I R E J O Q K I O B F A T
T G A J R P R I N C E S S N U M N M A G I
H I I E I M R D I A R C O I I F G A L M
R E I G N S S O N A U Y C U E O S V B I P
D S M F L T T A O M D R A W B R I D G E
E M U T P C R E O O B B A H T L W A P V R
F E U D A L Q E R C B L A R E A C M P V I
P E M E I L M U B J R A E L M R P O R D A
R O Y A L T Y C E U T A R C L O A U U E L
C H I V A L R Y R E C O C O R I R L L N E
K I N G D O M C I O N H W Y N E S A D T T
D Y N A S T Y A O P W U E E J P S T Y R C
A D M Y A C D U N Y Y N P T R E E T A Y Y
```

The US Constitution

```
F R P C O N S T I T U T I O N A L Y U C S L F U
D S X L A S E N A T E R E G U L A T I O N E B T
T E P E E D O C U M E N T U I T J O I C X G I G
P M O E L D E M O C R A C Y N W U K R D F I L F
U P A Y U N G S T R E A S U R Y F S O E B S L F
B Y M J R I D E F E N S E V E U S C O I O L B J
A G Y I O A B A R N C A U I E W U D E E A Y N
R K O T S R T A M C O N V E N T I O N Y P T A A
T E I V S C I L E H E B C N T C A B I N E T T
I C M X E T R T F L N S U F F R A G E R I N I
C T I U R A U Y Y O D D T Y V E P A N E E B O
L K R T G S N L C A V T M C D E L K I W V D P N
E T P E I I J M L E A W T E E B E U Y E E O T A
P F J N A Z R U E E N S U E N X C E T I N E P L
Y E Y K M T E H D N G S S K G T U I I U T D J
Z D O A T H Y N I I T I U E P Y O I M P E A C H
O E C O N G R E S S C W A S M E R W B N U D W U
C R E F K O S I U H F I P N Y B A F R D P O E I
T A X A T I O N H D I I A K C O L M O I M U F R
O L C U R R E N C Y I P U L N E J Y A E T M J U
```

Symbols of Luck

```
S H O O T I N G S T A R J R D P N F T
O S R C K M I E L M I G U N C P U E V
M O Y T D H Q S T O R T O I S E X O P
E C B S R J V Q M F S E V E N H H P N
H R B D E R A B B I T F O O T G A I N
T Y F O A R N O D R A G O N I E Y W P
E S A L M H O R S E S H O E N P T A E
U T A P C A M U L E T B U D D H A R N
C A P H A D R A G O N F L Y S E U A N
Q L F I T C P C H A R M T E N I P M Y
S S O N C U E F V L A D Y B U G S B R
K C D V H D U A C I R C L E P T A E M
O D A R E S C N P N R A I N B O W R D
N D S R R O K W C B Z G S A L T A I
U R I E A F S H W I S H B O N E D S C
O I O L H B X F I D O U C G I A D Q E
```

Countries

```
A D E P E H F E X P A O A P R A F G H A N I S T A N Q
O R H D T P X T S I Q D P M V A Q F E S D X I I A Q B
Q A G V A M O I H B X S E N E G A L K Y R K J J G E E
Y H A E C R F A D A A Y K E I L O R E E W A M G F I O
G O S Y N T M I S A I R I M N N A B A S E Z E U S J P
U I N F U T E E T Y S L B I G B D T C E I A S A E I F
P E R U J N I L N A I G A A I E J I V U P K H T M I B
N F G Y E U Y N A I L U E N D C Y Y A I X H O E O C A
I N D O N E S I A A A Y P W D O I E G C A S N M R E N
D F U S C Y P R U S L F Z T J E S Z M J B T D A O L G
G C K J H P H O K W T B H U N G A R Y E P A U L C A L
D H R I A A C P R R C U A C N O M A N P N N R A C N A
C H A D E M I T U T A V S N A Z E R B A I J A N O D D
N R I N Z A A T M A U R I T I U S A N Y X V S E Y E E
E S N E A L I I E M G A W T A D E N M A R K J F E S
Y X E Y M T U B C J G T A G R E E C E C C U J R I C H
E G Y P T A N E P A L Y F L R U S S I A C U B A N U U
I R E L A N D P O L A N D C A M E R O O N E R F L A I
E U T L I E C H T E N S T E I N Z I M B A B W E A D A
U A V E N E Z U E L A V I E T N A M C Z U A V B N O C
Y P R E T H I O P I A P A N A M A I U D H X Q J D R U
B O L I V I A J A X N G Z A I G I K S R E M E X I C O
```

Elections

```
V I B K P N C E O E K F U I R I M A E O M Q
C O N S T I T U T I O N E K P T P O F E W W
T I P A R T Y C O N G R E S S O A O Y V T R
R E N U C A T J M I B V S E X O L L E G Q J
E A L D S A A B S E N T E E T D C L L D X W
F G C E E M P Q I Y C M I D T E R M Y O U
E W A R C P N P R I R F U R E C O U N T V S
R A N D L T E A A B B O A M S U F F R A G E
E T D O G M O N T I Y E I Z B B U D N U Q P
N Y I T E R M R D O G D C I I E N C N M R L
D M D R R X B A E R N C D W Y N J M Y L A
U M A J O R I T Y T N C A U C U S T Y H O T
M D T B A L L O T O E T D E L E G A T E B F
D Z E P P C P N A P R I M A R Y T R B R B O
G E R R Y M A N D E R S M G O E Z E D I Y R
D E M O C R A C Y L E G I S L A T I V E I M
P R E C I N C T P L U R A L I T Y S T Y S M
C O N V E N T I O N K R E R D R U I O I T W
```

Elements

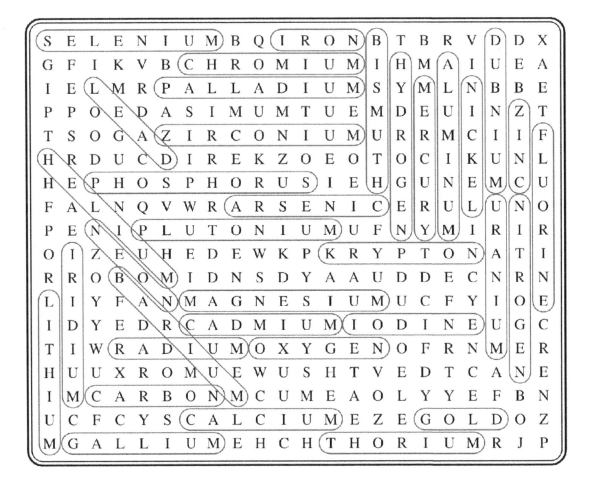

Languages

```
I B C K S H L F C N E S O K Z O U I S P E P F K D
R J O I P A H B U M C Y K T H A I A K T D R A P Q
V I E T N A M E S E W E U Z F J E I O N U I R O W
A R M E N I A N F E U E R U E B D U C O P S O O M
H I N D I R U S S I A N D O V N U U R U M E Y U N
F I L I P I N O G M S L I G E F T O Z W N O S U E
C F S U P A L P P A M S S F O C C R B E J L E U P
J Y G C Y E T O J D E Y H S A R H I E G A D M O A
Y O R U B A H L B E N L Z U L U U Y K I B O X R L
W W E D G P A I E X O S I E P K I A C A I V R I I
C H I N E S E S H P F W C N K K O I N I A U I E
Y Z I L G X A H W R U E V P N A S A M I R N E G S
I C E L A N D I C S E D H A K K A Z T Z O K H F T
P O R T U G U E S E I I U R D U W U O K M C A F O
A F R I K A A N S S M S Y I I R I S H G A I W T N
G R E E K J A P B U F H U K R A I N I A N I A A I
A R A B I C T I B E T A N B E N G A L I I L I M A
C R E E R A H S U K U D L I T H U A N I A N I I N
F I N N I S H B A S Q U E W E L S H P T N S A L T
N C A T A L A N C A J J C A N T O N E S E E N A Y
```

Legal Terms

```
I N C A R C E R A T I O N O J M I S D E M E A N O R
M F E N A T T O R N E Y L N N F E E T D X E U H R E
R K N Z X F A F U G Q E I S F O E J V C I U G N C S
S U E E H R H O S T V X T Y K A D S E E U E T T K C
Q I G O L L R L V W P E I M O B Z Z G Q W R E Z N R
I I L A U K E T Q E B I G J T L I U S U R Y S M C O
  P A I C C A P E V E X S A O C A S E X P S D T K W
  A L G Q R E X O N E R A T E K Y W T A I U I I O N C
  R L U V O P R O B A T I O N F I A A N D E M R Y C
  A E N I I A T C O M T C O R G T E M R E B F O D N O
  L G C T H E A R I N G B N F Q L D L C R E M N I A M
  E A E V S T T K P A Y U L I A B L E O E A F Y N P P
  G T F E E I R H Z E D F E E O T L F E N K N O A P L
  A I S A F N E F N F U F N P B R T V J Y A T N E E A
  L O M U J U R I S P R U D E N C E I S B R S C A I
  V N M B S E B A O O W C O N F E S S I O N G S E L
E P U P C O U N S E L A J U D I C I A R Y U Y P G A
Q C N O P V M P L E A U I N F D I S B A R M E N T N
U S I E B A I L I F F U T V Y K R E V I D E N C E T
I E T N L A R C E N Y V E E O O Y M Q G N O E A L
T A Y A F F I D A V I T Y J O R I V A C A T E Y E L
Y M A N S L A U G H T E R B N N W I T N E S S G I X
```

Geometry and Math

```
E O P Y F X Y A M G O B V D N E L T T M A X J C K
O A E T O Q N R R C T U P N E E N S T A D A U I N
Y D R Z I S W U P I H B N Y S O R A I N D I R E
S U B T R A C T M T T R A P E Z O I D G I I E C Q
C A L C U L A T E I H N T E G N O T L T O B U
G U G D I E I S V G R U M T N Z O X F E I D I M A
Q U A D R A T I C S V A S E C H F A O I O I N F T
S U A E I O X U D M Y F L I T S Z Q H U N F A I
Y G M C D I T O P E R P E N D I C U L A R V R R O
Y V E I T E S U E T R A D I U S C E L U K O Y E N
E F D M P U N O P O L Y G O N P A R A B O L A N S
U E I A U R M O S V A R I A B L E O G A S U O C P
E S A L Z B O D M C F P D S R U N I T S U M G E E
A F N D J N X D I E P D I E Q U A L T T E V G R
F R A C T I O N U V N L C O M P A S S L T X E E C
O C T A G O N I L C I A E S U D U N H C S P R O E
H Y P E R B O L A I T S T S I N T E G E R O T M N
P A R A L L E L C U N U O O T D U R T E F N E E T
F O R M U L A E X L U E A R R P E I M A C E X T J
F A C T O R I A L B M T A N G E N T I A A N T R Y
M F H L D S Y M M E T R Y R K F E A F I M T M Y E
```

Metals and Alloys

S	Y	Y	W	M	M	T	Y	O	A	P	J	O	B	S	R	U	I
S	T	E	E	L	M	E	T	A	L	L	E	I	R	O	N	L	R
E	F	W	X	C	O	D	A	L	E	A	D	W	C	Y	A	A	I
T	V	D	A	O	T	U	N	G	S	T	E	N	T	W	J	E	D
C	V	F	S	P	E	W	U	I	L	K	L	P	T	E	I	S	I
G	O	L	D	P	Q	Q	Z	V	C	D	O	F	S	T	R	P	U
M	A	G	N	E	S	I	U	M	N	Z	I	N	C	I	C	U	M
A	K	J	E	R	P	L	A	T	I	N	U	M	H	N	H	R	Q
A	L	U	M	I	N	U	M	Y	U	F	A	E	W	Q	R	A	D
S	T	I	T	A	N	I	U	M	C	V	R	R	P	X	O	N	C
I	V	W	A	N	T	I	M	O	N	Y	W	C	D	C	M	I	O
L	G	U	N	M	E	T	A	L	G	R	O	U	R	Q	I	U	V
V	U	E	G	F	Y	F	B	R	A	S	S	R	J	H	U	M	N
E	M	T	D	C	O	B	R	O	N	Z	E	Y	E	Q	M	U	E
R	C	H	R	O	M	E	Y	T	E	V	A	L	L	O	Y	G	C

Military

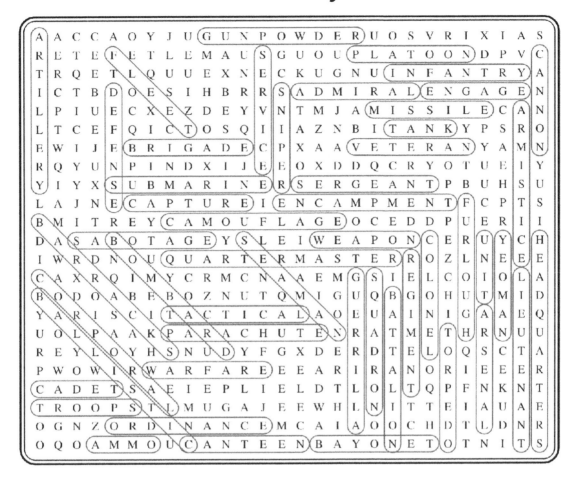

Musical Theory

```
I  I  S  P  X  U  Z  R  T  E  M  P  O  M  Y  N  Y  A  P  O  A  M  E  O  D  B  P
O  I  I  C  R  V  K  L  T  L  C  N  O  R  K  F  R  Y  R  L  P  E  R  O  A  Z  B
Q  A  U  L  C  I  R  W  R  O  F  Q  N  A  C  F  F  Y  Q  L  X  E  E  C  C  O  U
L  R  I  U  M  E  Z  Z  O  C  D  A  F  O  R  T  I  S  S  I  M  O  M  C  O  V  J
I  P  P  M  O  I  I  S  Z  U  M  E  S  P  R  E  S  S  I  V  O  C  I  D  Q  I  V
B  E  H  A  R  M  O  N  I  C  S  L  R  F  D  F  U  T  E  M  Z  A  N  F  U  B  V
R  G  B  S  T  A  C  C  A  T  O  C  X  Y  O  F  P  P  D  O  C  T  O  T  A  R  W
E  G  R  A  P  R  E  S  T  I  S  S  I  M  O  A  E  H  F  P  H  I  R  D  V  A  S
T  I  A  H  S  A  D  A  G  I  O  Z  D  M  A  J  O  R  R  E  O  M  G  I  E  T  Y
T  O  C  G  Y  S  T  P  E  N  T  A  T  O  N  I  C  N  M  R  R  B  C  M  R  O  S
O  N  T  D  Z  T  E  R  M  O  D  E  R  A  T  O  Z  G  P  A  D  R  E  I  D  X  C
A  S  V  A  I  R  H  I  E  M  M  C  F  O  R  Z  A  N  D  O  T  E  N  L  C  S
C  A  D  E  N  C  E  M  N  B  E  R  E  L  I  G  I  O  S  O  N  A  P  U  F  K  C
P  I  A  N  I  S  S  I  M  O  L  L  N  F  C  R  E  S  C  E  N  D  O  E  C  U  H
I  N  T  O  N  A  T  I  O  N  E  E  O  P  O  L  Y  P  H  O  N  Y  I  N  E  E  E
F  A  Q  R  Y  F  L  E  G  A  T  O  T  D  I  T  Y  O  C  T  A  V  E  D  M  D  R
I  P  T  R  E  O  S  D  T  J  A  I  D  G  Y  U  I  I  I  M  O  A  S  O  V  U  Z
F  O  R  T  E  Y  S  R  F  U  G  U  E  H  F  U  R  I  O  S  O  P  R  E  S  T  O
G  R  A  N  D  I  O  S  O  S  F  D  P  Z  C  T  N  D  I  S  S  O  N  A  N  C  E
P  I  Z  Z  I  C  A  T  O  A  L  L  E  G  R  E  T  T  O  I  N  T  E  R  V  A  L
N  O  T  E  S  E  S  E  D  O  L  C  E  P  E  P  S  O  N  A  T  A  Q  S  L  D  D
U  W  L  K  A  C  C  E  L  E  R  A  N  D  O  C  O  D  A  N  D  A  R  C  L  E  F
```

The Ocean

```
X P N S M E M A T S U N A M I R I N B I V O I B S
D A P R E F B E I U W C O E L A C A N T H N C C E
N I O H Z P A A N W A F X Y E N C U E E Q N V C A
C D J E Y B E K O H L S R T L K Y T M C B U Z T H
J O S B S T N H X E R D P O R P O I S E L I U A O
E L M K A O A Y L U J S I E Y E L U M E A E C R
L P D Z A R V P M K S U A H T B L U Y Q U Y M L S
L H K M O T R O L B N A U J A C Y S H U B M T G E
Y I E R N O U A M A E O B F U R C H I N Y P Y R F
F N L O I Y P N C A N R S E A L K H U K K C J O L
I M P G E L L A U N K J E U K Y P E T W O C U O
S A T X E L O A B D A T A P R E B R R I P A P U
H C J R N P M N B N A A T O C D L L G F R D E N
S K Y V R Q V X I S K L O E N K L O S A A I E R D
Y E S T I N G R A Y T T O E E D O W O H R L N S E
C R M O L L U S K Y Y E O N P O W F R C R L G G R
A E W R S T A R F I S H R N E N F I E W T I W A T
Y L C U T T L E F I S H D L T J I S E M A O M U E
P U E N Z Q K S Q U I D E K O A N H F R L V P P X
O R C A B A R N A C L E N A R W H A L O E E E U A
Y O D N Q S C A L L O P N C T Q T O Y S T E R S S
```

Pirates Ahoy!

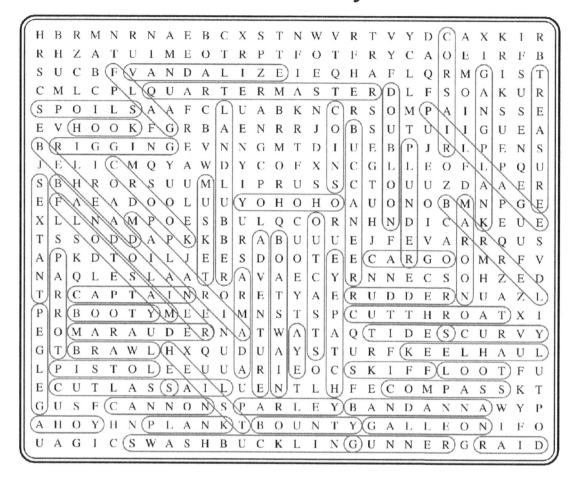

Instead of "Said"

D	D	A	R	D	S	J	E	C	M	W	E	R	U	I	Z	O	N	C	O	R	R	E	C	T	E	D
T	O	L	D	U	U	U	E	A	F	F	I	R	M	E	D	A	S	S	U	R	E	D	U	O	Q	O
L	O	O	T	R	S	M	C	S	E	Q	O	E	E	X	C	L	A	I	M	E	D	Y	M	P	Y	E
I	D	E	M	A	N	D	E	D	T	W	E	I	S	S	U	O	O	B	L	U	R	T	E	D	I	I
C	F	R	J	E	U	U	O	P	I	E	A	D	M	I	T	T	E	D	Z	O	D	P	E	X	R	E
Y	T	C	D	P	V	N	R	A	U	C	D	I	W	V	W	A	N	N	O	U	N	C	E	D	R	H
W	Q	R	F	P	G	R	T	P	C	O	N	F	E	S	S	E	D	J	A	B	E	V	V	T	C	S
A	R	G	U	E	D	E	R	E	F	R	E	T	T	E	D	S	T	A	M	M	E	R	E	D	L	I
I	N	S	I	S	T	E	D	I	D	Y	E	V	X	S	V	L	D	N	I	N	N	T	D	B	A	G
F	A	P	O	L	O	G	I	Z	E	D	P	M	Y	U	A	S	A	F	O	P	N	J	B	E	I	H
X	U	C	A	U	T	I	O	N	E	D	B	C	I	R	T	I	N	P	R	T	A	M	I	G	M	E
H	Y	M	W	H	I	S	P	E	R	E	D	M	F	N	A	T	S	O	O	U	E	G	V	A	E	D
A	P	P	E	A	L	E	D	T	A	D	V	I	S	E	D	N	E	C	R	P	S	D	R	N	D	C
P	L	E	A	D	E	D	C	O	N	C	E	D	E	D	R	E	T	R	O	T	H	L	I	E	D	M
W	H	U	E	X	H	I	F	M	E	N	T	I	O	N	E	D	D	E	E	F	E	I	P	G	E	I
A	C	K	N	O	W	L	E	D	G	E	D	O	B	S	E	R	V	E	D	D	F	D	S	A	W	D
I	M	P	L	I	E	D	G	U	E	S	S	E	D	D	D	E	Y	H	M	C	F	E	M	S	M	U
T	T	A	U	Y	S	C	Y	A	A	U	C	P	R	O	M	I	S	E	D	R	F	B	D	P	E	T
M	I	V	O	U	C	H	E	D	A	N	S	W	E	R	E	D	O	G	L	R	E	P	L	E	T	D
U	F	N	A	O	U	A	P	A	W	O	Y	I	P	U	K	F	X	C	R	L	P	M	H	D	O	M
D	O	E	M	E	A	L	L	E	G	E	D	S	W	O	R	E	W	P	C	U	E	N	E	J	N	Y
A	Y	U	R	R	R	Q	U	I	P	P	E	D	A	D	D	E	D	E	A	O	Y	D	U	D	Q	P

USA Flag Day

```
Y U N C F G R H E B A N N E R C J N A J
H Z B D S P H E K I C N R O P S U D N U
S Z M L P Z I E F Y A B P R E G N O S F
J T A I U A S H X F C O U F N O E U T L
H O A E M E T A I I Z N K O S F R J R A
Z I O P M E O R E D S E C C I I O H I G
U Y O S N N R S I A Q D R J G F C A P U
C O U N T R Y P A O G O R O N T R L E W
B E T S Y R O S S L T L R W U Y R F S H
O F F I C I A L X E U I E G Q L A S E I
A M E R I C A N A C O T C O B H I T S T
F L U T T E R F J Q E K E S M I S A U E
H O I S T N A T I O N A L R T A E F N W
S T A R S P A N G L E D U A E A W F F P
H A L F M A S T Z T F I E L D D R R U O
E M B L E M U E G H M N B C C Z D S R L
J X B K U U M A S T P T Z I W I R U L E
```

Winter

```
V M D T F Y C M P R P E Q P P B A L A C L A V A Y S Q
D Z S C X R E J Z C O K E E D I Y N G X T Y U R S L R
N E K S D U O S U G A R P L U M D R E A R Y N N J L D
E S C O I J T S S R R O N R L E M N E L I F O V A O A
T Q B E P L T O T I Z F I R E P L A C E O L W S N E F
S U N C M O P E Z Y O I U C F S I C F K M U Y O U Q E
P L A F H B L H I D H M A U I I O O U N Q R D L A U B
S I I K L I E A K O F I S T A C N M D J D R R S R I R
I O G P T A L R R C A D U V E T L N C X R I A T Y L U
S C O L P H N L C B T B C H I M N E Y F A E F I O T A
F O E V A E A N Y J E M M I T T E N S U L S T C P A R
E R I B E C R W E O R B L I Z Z A R D Z U E Y E W L Y
V M O C E R I Y I L J L E S E I E X I A O X E C Y C
E Y C Z O R C A F Y W A H Y P O T H E R M I A C Y I O
R F Y C E G G A L R E N G I N G E R B R E A D U E B M
G E R R B N L O S U E K U E N C E O P M U F F L E R F
R N I O T L O O P T A E M C E L C C Y O R U S K C I O
E U J N S Z E U V Q V T Z H I B E R N A T E E Y F R
E U Y A D T E A E E Y F C I F U R N A C E F G E W T
N E M M C E B N K U S R Q A N O R A K O F E I G D I E
S N O W M K E I O O P U R U Y G H A I L S T O N E N R
A R C T I C E R T B E R E T E A R M U F F S E O Y D M
O Z Y X H P L T U E C C L B R P P A E W I I K G M Y O
```

The US Navy

```
K L A N C H O R S A W E I G H S U B M A R I N E X
T E E D Z O E G U A N T A N A M O Q L C J B C R E
C Y N A V I G A T O R A G M N I J S W H F I E L Z
A T W A R S H I P K F R C S J Y X F A E C A C T F
R E C M M C W A S P Z A F L E E T R U S O D O C C
G S U O C O B Z L T A W S T E R N I A A N M N O O
O U O I O N T S E A F A R E R U A G V P S I T M M
A L W A Y S C O U R A G E O U S E A E E T R I M M
O U S Y W T Y A T F L O T I L L A T S A E A N I A
T R L T S I A M P H I B I O U S R E S K L L E N N
T S O A H T E A G P Y U R T F A E Y E E L M N S D
O N O L B U N E I I O V A A P Z V A L B A R T I E
P K P Z N T I Z O D T A I R C R A F T A T D A O R
S N E C F I M N D F D M R U V I F E R Y I P L N K
A O O A Z O I U A P P N O A N E S S X M O Y B I K
I A N I R N T S I V O F F I C E R L S X N J G N E
L Q E F I S Z C D K A E N A V Y Y D S H I P K G E
P S N E F F A I E I R L D M F T T G T A N K E R F
S T A R B O A R D E U K A L L I A N C E C O U E P
E O C O I B J C G E W N P E T E M A Q I C D X K C
A T A B O R A L S E M P E R F O R T I S T E D D V
```

Found in the Bathroom

```
N P V Y O E E T F C L R R Z U I G N T N J C
L B U B B L E S O L O F I V B T D U K M K O
O S H A M P O O N W M M R C Y A A X D C M N
T M U R D K A A F O E T B T L K T O A F U D
I S C L C O A H G K O L P U N U I H I K C I
O O P A S U R O M O U T H W A S H P T O C T
N T O O T H B R U S H B A T H R O B E U G I
O J I Y N U L O O F A H A I R B R U S H B O
F R M F P G R B A B Y W I P E S O U A Q O N
C O L O G N E I P C U R L E R S B I D E T E
L A V A T O R Y N L A N T I S E P T I C R R
P S P A S I N K A A U T O O T H P A S T E S
U W I U S H A V E E L N R E S T R O O M D O
B R U S H O W E R U R M G F F T O I L E T A
F L O S S F A U C E T A T E B L I C A V M P
M O I S T U R I Z E R F Z X R E U I E I J U
O C M J V A I Y U U R J I O I K X S V E W S
O U I D L H A M P E R E H E R S B R H V D U
```

Tools

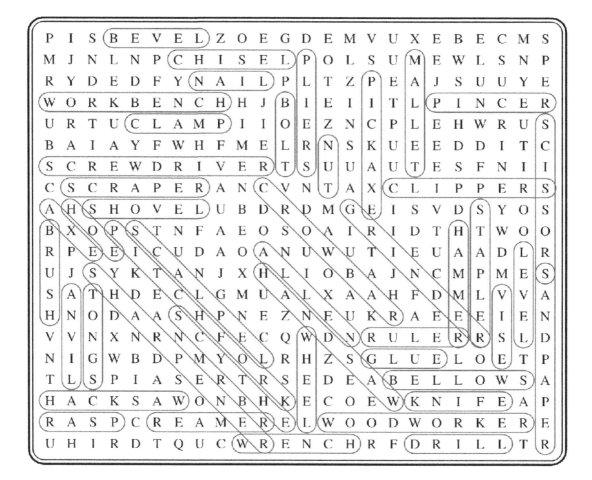

All About the People

I	N	D	I	V	I	D	U	A	L	E	O	S	T	S	E	F	A	O	C	E	A	Q
N	U	S	F	C	L	D	E	J	Q	E	F	N	I	U	I	X	S	N	H	I	N	K
O	P	F	Y	O	P	P	O	N	E	N	T	P	S	C	C	P	D	R	A	L	Q	Y
X	A	J	A	B	O	Y	J	Z	F	D	L	H	E	Y	O	A	U	E	M	O	Q	P
O	G	C	T	M	A	N	T	A	G	O	N	I	S	T	H	T	Y	S	P	E	D	O
C	E	Z	Q	F	I	E	M	P	L	O	Y	E	E	F	O	R	L	I	I	Q	M	V
L	N	C	L	U	E	L	O	O	I	W	O	M	E	N	R	O	R	D	O	N	U	B
A	T	M	T	A	A	N	Y	E	M	E	U	V	Y	R	T	N	G	E	N	M	H	S
S	L	O	D	M	D	I	A	A	A	N	U	P	F	N	P	O	N	E	U	E	M	
S	E	E	D	K	Y	Y	N	G	E	N	E	V	O	A	S	Y	F	T	N	Q	P	A
M	M	U	O	D	L	Z	V	T	E	T	K	I	N	B	R	E	O	K	A	L	T	T
A	A	E	F	O	L	K	S	Y	A	R	C	G	G	L	O	T	N	U	J	S	P	E
T	N	A	D	O	L	E	S	C	E	N	T	T	E	H	J	D	N	I	T	O	B	G
E	N	E	M	Y	E	P	R	E	L	A	C	F	A	D	B	M	Y	E	O	H	A	R
E	Y	E	T	D	G	I	R	L	F	R	I	E	N	D	Q	O	N	U	R	R	B	O
B	O	Y	F	R	I	E	N	D	E	C	P	E	D	O	E	V	R	S	N	R	Y	O
A	S	S	O	C	I	A	T	E	X	O	D	E	S	C	E	N	D	A	N	T	L	M
O	U	R	A	O	I	X	C	O	M	P	A	D	R	E	S	R	I	H	I	A	C	J
I	H	D	F	F	W	P	S	K	Z	F	R	E	S	H	M	A	N	C	M	X	D	A

Musical Instruments

```
N M P X M D J Y Y M D F O F I A M G N O C A R I N A
S E I G N V R B P M N Y G E Y H P E B O K U A Z S K
Y I G U P D Z M I C U M L P E O L U A X I D U D D E
E O N I S Y N T H E S I Z E R T R B G S I I S T C B
T K N T E N G L I S H H O R N B T K P I Z D I O O O
E R E A T V U V U Z E L A C C O R D I O N G T E N U
M C Y R O P G W R T R J U Y A F B Q P J Q E A P T Z
T G A E T R O M B O N E I T P E I L E B U R R P R O
J N I C C L A R I N E T R G E U N D Y R M I A Y A U
X Y L O P H O N E S A X O P H O N E D U S D F H B K
E K E R U K U L E L E U O D B O R U X L Y O I A A I
U U I D U W I Y C Z P C A S T A N E T S E O I R S I
W D S E Y E F F T I M D R U M S T I C K S Q P S A
F S N R C E L E S T A B A L A L A I K A R P C S Y H
H A R M O N I C A Y N M F R G L O C K E N S P I E L
P I C C O L O T N B O H B C A B U G L E P E I C M A
Y C H L S T W R S D A N Q O O C B A S S O O N H C T
C L A V I E R U S P T U B A U M A N D O L I N O E C
L E U F N E E M B A N J O T M R O S T U N I E R L I
F L U T E Q N P C Y M B A L S I I B U Y C E V D L W
V I O L A F N E L Y R E D Y C W G N O D C N I W O B
K A Z O O N F T V I O L I N N Q I U E E W C S C P T
```

CODEWORD PUZZLE KEYS

EASY CODEWORD PUZZLE KEYS

Film Directed by Irvin Kershner in 1980

Philosophical Term

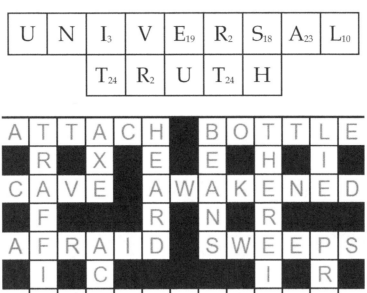

Something Extremely Beautiful or Impressive

Famous Cartoonist

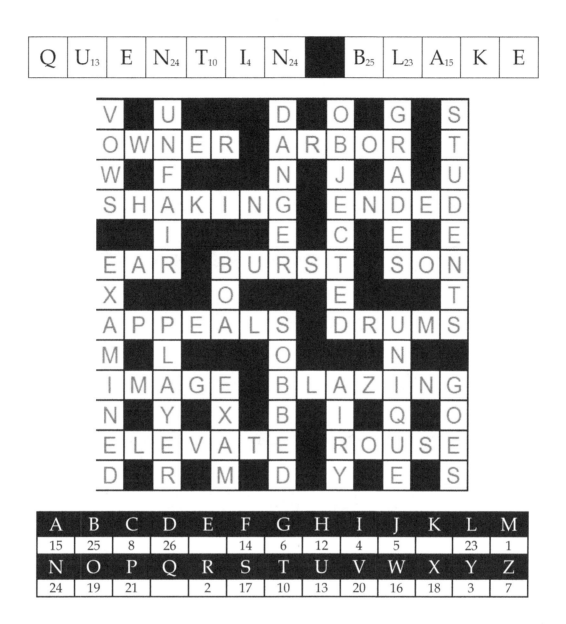

Rock Band from California

C	R	E₈	E₈	D₁₇	E₈	N₇	C	E₈
C	L	E	A₂₄	R	W₉	A₂₄	T₃	E	R
R	E	V₂₃	I₁₅	V₂₃	A₂₄	L		

A	B	C	D	E	F	G	H	I	J	K	L	M
24	4		17	8	10	16	22	15	5	13		26
N	O	P	Q	R	S	T	U	V	W	X	Y	Z
7	14	25	2		19	3	20	23	9	18	1	11

MEDIUM CODEWORD PUZZLE KEYS

The Head of The US Navy

| C$_8$ | H$_7$ | I$_{20}$ | E$_2$ | F | | O$_{19}$ | | N$_{22}$ | A$_{16}$ | V$_{26}$ | A$_{16}$ | L$_6$ |
| O$_{19}$ | P$_4$ | E$_2$ | R$_3$ | A$_{16}$ | T$_{20}$ | I$_{20}$ | O$_{19}$ | N$_{22}$ | S$_{11}$ |

A	B	C	D	E	F	G	H	I	J	K	L	M
16	5	8	24	2		9	7	20	1	17	6	25
N	O	P	Q	R	S	T	U	V	W	X	Y	Z
22	19	4	12	3	11		15	26	21	10	14	23

Characterized By Friendly Cheeriness and Pleasantness

J₁₇ O₉ V I₁₆ A₂₅ L₁₀ I₁₆ T₁₈ Y

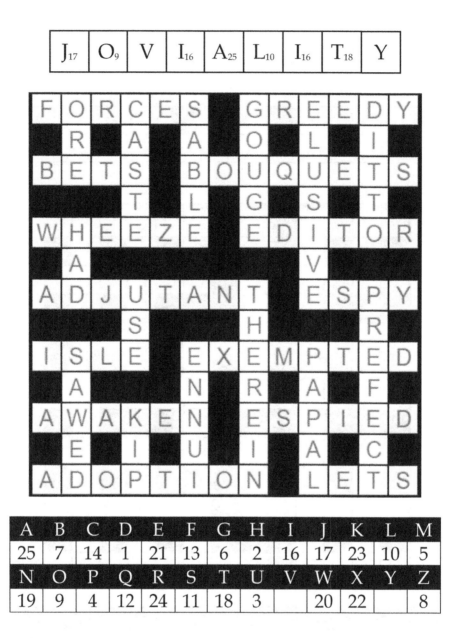

A	B	C	D	E	F	G	H	I	J	K	L	M
25	7	14	1	21	13	6	2	16	17	23	10	5
N	O	P	Q	R	S	T	U	V	W	X	Y	Z
19	9	4	12	24	11	18	3		20	22		8

Agender American Actor

Extremely Popular British TV Show

An Ancient Egyptian God of Chaos

APOPHIS

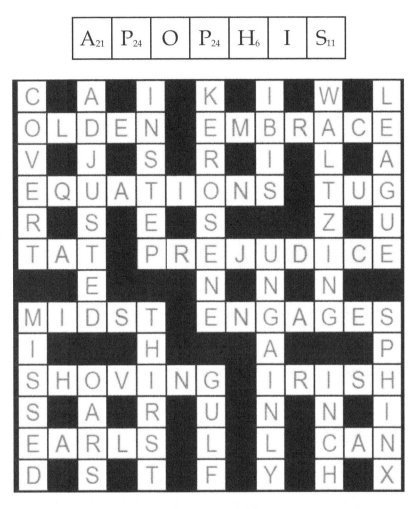

HARD CODEWORD PUZZLE KEYS

American Television Producer

A	B	C	D	E	F	G	H	I	J	K	L	M
3	17	5	8	21	4	12	11	18	10	2	6	

N	O	P	Q	R	S	T	U	V	W	X	Y	Z
24	26	20		25	1	23	9	19	13	15	7	16

A Sexual Orientation

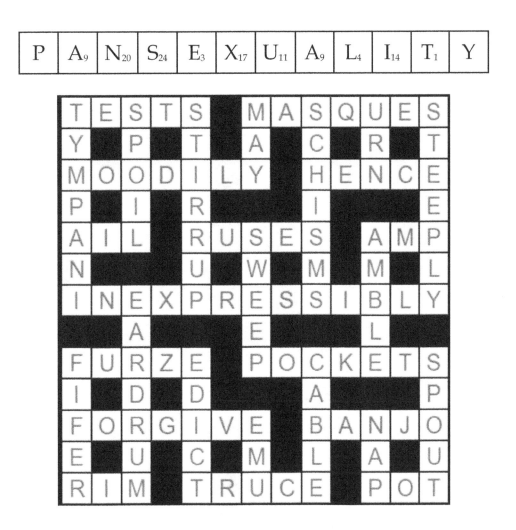

The Motto of The Pirate Utopia

F₂₀	O₅	R		G₂₂	O₅	D₂₁		A	N₁₂	D₂₁
	L₁₄	I₇	B₁₅	E₁₃	R	T₂₅	Y₆			

```
S . S . C . J . K . H . T
C Y C L O N E . E V A D E
O . R . V . J . L . Z . X
W O O . E Q U I P M E N T
. . L . T . N . L . . . .
H U L L O . E X P O S E S
I . . . U . . . R . . . U
E F F U S E D . O G R E S
. . L . . E . . W . E . T
B E A K S . S U L T A N A
I . V . L . I . I . L . I
B A O B A B S . N Y L O N
S . R . M . T . G . Y . S
```

A	B	C	D	E	F	G	H	I	J	K	L	M
	15	19	21	13	20	22	9	7	26	1	14	24
N	O	P	Q	R	S	T	U	V	W	X	Y	Z
12	5	2	16		11	25	4	18	23	10	6	3

Exploit For the Purpose of Assault

| W | E₂₀ | A₁₂ | P₃ | O₅ | N₂₂ | I₂₁ | Z | I₂₁ | N₂₂ | G₆ |

A	B	C	D	E	F	G	H	I	J	K	L	M
12	14	10	23	20	4	6	24	21	9	13	15	8

N	O	P	Q	R	S	T	U	V	W	X	Y	Z
22	5	3	11	25	1	18	17	7		16	2	

Cause A Strong Emotional Effect

| O₁₉ | V | E₁₁ | R₂₆ | W₂₀ | H | E₁₁ | L₂₅ | M₁₅ |

A	B	C	D	E	F	G	H	I	J	K	L	M
23	6	5	22	11	8	4		3	12	14	25	15

N	O	P	Q	R	S	T	U	V	W	X	Y	Z
17	19	13	1	26	21	16	18	9	20	16	24	2

ADVANCED CODEWORD PUZZLE KEYS

Gibberish; A Character of Lewis Carroll

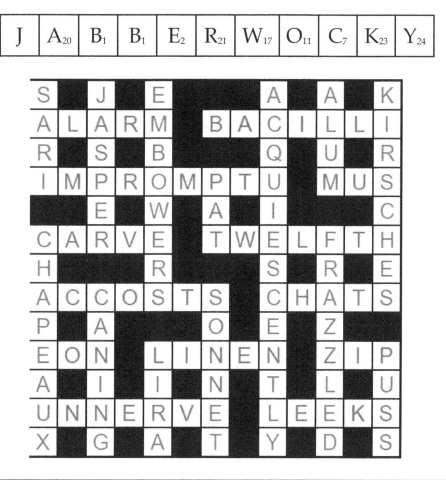

The Largest Flying Animal Ever

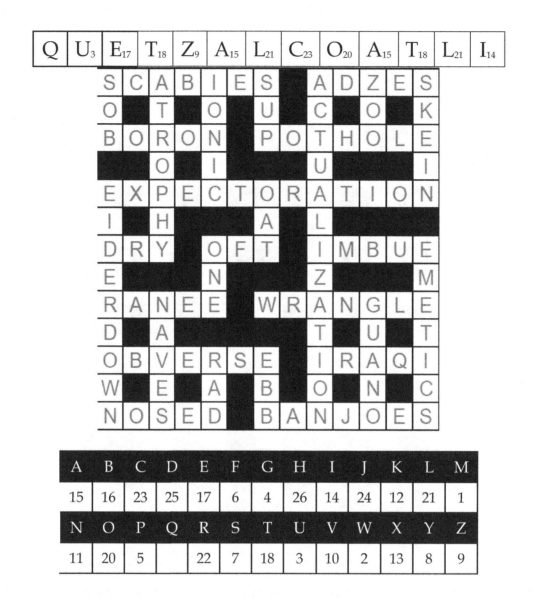

A German Word Used for A Hangover

| K₁₇ | A₁₀ | T₂₅ | Z₂₄ | E₄ | N₂₁ | J | A₁₀ | M₆ | M₆ | E₄ | R₁₂ |

A	B	C	D	E	F	G	H	I	J	K	L	M
10	19	23	15	4	22	8	11	20		17	1	6

N	O	P	Q	R	S	T	U	V	W	X	Y	Z
21	16	18	9	12	3	25	14	26	2	7	5	24

Phrase Used by The US Navy

NOT FOR
SELF BUT
FOR COUNTRY

		F	O	R	T	E		S	U	B	J	E	C	T
		A		E		X		T		A		L		U
		N	I	G	H	T	W	E	A	R		F	U	R
		C		A		E		N		B				F
		I	S	L	A	M		O	V	E	R	F	L	Y
		E		P				Q		I				
		R	E	C	K	O	N	S		U	S	E	R	S
				O		R		L		E				I
		M	U	F	T	I		I	N	D	U	L	G	E
		E		F		Z		C		A				N
		A	L	E		I	C	I	E	R		T	U	N
		T		R		N		N		U		H		A
		S		S	A	G		G	E	N	D	E	R	S

A	B	C	D	E	F	G	H	I	J	K	L	M
8	15	22	18	4	10	6	14	2	5	24	3	13
N	O	P	Q	R	S	T	U	V	W	X	Y	Z
25	21	26	16	9	11	7	17	23	19	12		1

Beloved Canadian TV Host

| A₃ | L₁₄ | E₁₇ | X₂₅ | | T₆ | R₂₀ | E₁₇ | B₂₆ | E₁₇ | K |

		A	Q	U	A	E		W	A	R		B	I	N
		B		S		R		I		I		I		O
		S	W	A	G	G	E	D		M	A	J	O	R
		T		G				O				O		
		A	R	E		V		W	A	L	N	U	T	S
		I				U		E		L				T
		N	I	T		L	A	R	V	A		P	R	O
				I		C				M		A		R
		E	X	T	R	A	V	A	G	A	N	T	L	Y
		A		M		N		R				E		
		S	K	I		I	R	E		H	I	L	L	Y
		E		C		Z		N		A		L		E
		S	I	E	G	E		A	F	G	H	A	N	S

A	B	C	D	E	F	G	H	I	J	K	L	M
3	26	22	1	17	12	2	4	5	10		14	18
N	O	P	Q	R	S	T	U	V	W	X	Y	Z
13	11	23	21	20	9	6	7	19	16	25	15	24

EXPERT CODEWORD PUZZLE KEYS

Also Known as Mercury

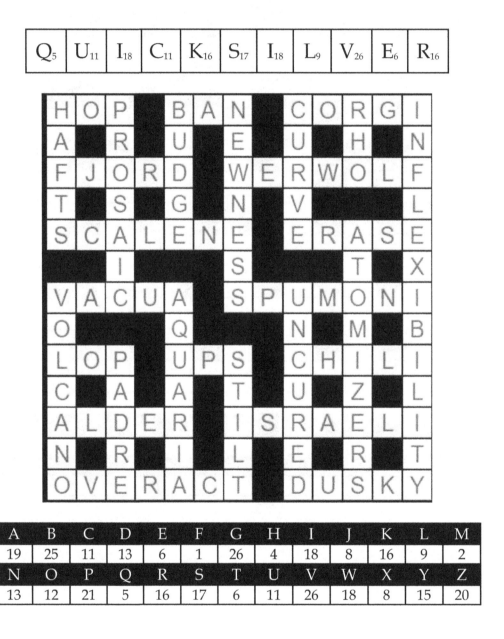

Researches Space

N₁₈	A₁₅	T₆	I₁₀	O₅	N₁₈	A₁₅	L₂₄

A₁₅	E₂	R₂₆	O₅	N₁₈	A₁₅	U₁	T₆	I₁₀	C₈	S₂₁

A₁₅	N₁₈	D₄		S₂₁	P₁₆	A₁₅	C₈	E₂

A₁₅	D₄	M₂₅	I₁₀	N₁₈	I₁₀	S₂₁	T₆	R₂₆	A₁₅	T₆	I₁₀	O₅	N₁₈

```
A P P R I Z E . S C O O P
S . I . A . L . O . V . A
P S A L M . M A N . E R R
. . N . B . . G . . R . .
T W O . I M P . S M E L L
W . . . C . A . . . X . E
I D L E S . C U R T E S T
R . U . . . E . A . R . .
L O C A T O R . C O T E S
. . K . E . . . Q . . . P
D J I N N . S H U F F L E
A . . . L . O . E . A . E
M A Y O R A L . T A R E D
```

A	B	C	D	E	F	G	H	I	J	K	L	M
15	23	8	4	2	22	7	13	10	9	17	24	25
N	O	P	Q	R	S	T	U	V	W	X	Y	Z
18	5	16	3	26	21	6	1	20	11	14	19	12

One Of the Smartest Dog Breeds

Beloved American Actress

Kind Of Warship

GUIDED MISSILE DESTROYER

A	B	C	D	E	F	G	H	I	J	K	L	M
2	9	19	3	7	1	23	24	25	22	4	14	10

N	O	P	Q	R	S	T	U	V	W	X	Y	Z
20	13	21	26	18	24	1	11	15	23	17	15	8

Made in the USA
Monee, IL
03 September 2022